U0856845

蒙台梭利儿童教育手册

〔意〕蒙台梭利——著
谢妮——译

中国水利水电出版社
www.waterpub.com.cn
·北京·

内 容 提 要

《蒙台梭利儿童教育手册》是蒙台梭利的教育观念和教具指南。这是一部系统阐述蒙台梭利教育方法和“儿童之家”教具使用的实用手册，本书描述了如何使用“儿童之家”的教学用具，以促进儿童观察力、认识力和判断力的提升，并指导父母为孩子们营造自我教育的环境，同时通过引导培养孩子的冒险精神。

图书在版编目（CIP）数据

蒙台梭利儿童教育手册 /（意）蒙台梭利著 ; 谢妮译. -- 北京 : 中国水利水电出版社, 2022.2
ISBN 978-7-5226-0369-8

Ⅰ. ①蒙… Ⅱ. ①蒙… ②谢… Ⅲ. ①儿童教育—手册 Ⅳ. ①G61-62

中国版本图书馆CIP数据核字(2022)第000526号

书　　名	蒙台梭利儿童教育手册 MENGTAISUOLI ERTONG JIAOYU SHOUCE
作　　者	〔意〕蒙台梭利　著　　谢妮　译
出版发行	中国水利水电出版社 （北京市海淀区玉渊潭南路1号D座　100038） 网址：www.waterpub.com.cn E-mail：sales@mwr.gov.cn 电话：（010）68545888（营销中心）
经　　售	北京科水图书销售有限公司 电话：（010）68545874、63202643 全国各地新华书店和相关出版物销售网点
排　　版	北京水利万物传媒有限公司
印　　刷	天津旭非印刷有限公司
规　　格	146mm×210mm　32开本　8印张　150千字
版　　次	2022年2月第1版　2022年2月第1次印刷
定　　价	49.80元

目录 CONTENTS

蒙台梭利教育法的由来与发展

儿童的内心具有巨大的能量，在人类的发展历程中，这种能量至关重要。要了解这一点，我们就要去细心观察儿童，并用适当的方式帮助他们。

Chapter 1

毫无疑问的是，教育应立足于儿童本身，这是进行教育革新时必须坚持的一个原则。

社会赋予我一个很高的荣誉，认为我是20世纪最伟大的教育家，对于这一点，我自己是不认同的。的确，我创立了蒙台梭利教育法，这一教育体系建立在对儿童认真研究的基础上，将儿童身上表现出来的真实信息告诉人们，并且根据这些真实信息对儿童实施科学的教育。

在我看来，我只是充当了儿童代言人的角色。我的工作是儿童研究和教育，我从事这一工作已经有40年。一开始，我主要研究的是那些心智发育较常人更迟缓一些的儿童，从医学和教育的角度帮助他们更好地成长。

当我从潜意识的层面去研究这些智障儿童时，我发现他们其实有很大的潜力。于是，我决定将自己的研究转移到正常儿童身上，由此诞生了儿童之家。

我们创办的第一所儿童之家是在罗马的贫民窟，里面接收的都是年满3岁的本地儿童。我们对这些儿童进行了一段时间的教育实验，当他们长到4岁左右时，就已经会读写了，这令来参观的人感到很惊讶。

“是谁教会你们读写的？”这是每一个来儿童之家参观的人都会问的一个问题。孩子们就会告诉他们：“是我们自己学会的，并没有人教我们。”

这些儿童的神奇转变被一些记者及专家称为“自然习得的文化”，报纸上对此也进行了报道，甚至有心理学家认为，儿童之家的孩子都是非常有天赋的。对于心理学家的这种说法，我一度也相信了。

但是过了一段时间之后，我慢慢才明白：人们一般认为，6岁以上的儿童才有可能接受所谓的教育，因此导致很多儿童早期的大部分时光都被白白浪费了，严重阻碍了他们的身心发展。

而我们在儿童之家看到的现象说明了：在儿童的生命早期就可以对他们进行教育，并且这种教育是非常重要的。

读与写是学习所有文化知识的基础，如果儿童不掌握读写的本领，就无法学习文化知识。举一个很简单的例子，如果一个儿童不会说话，那么他就很难学会有些东西。

对于儿童来说，书写往往很枯燥，尤其是年龄小的儿童。当他们长大一些之后，才可能学会书写。但是在我们的儿童之家，当我把以前教智障儿童书写的方法用在正常孩子的身上之后，这些4岁的儿童学会了字母、学会了书写。

我在教育研究中发现，如果只是单纯地让儿童盯着字母看一段时间，过不了几天，他们对这些字母就没有一点儿印象了。如果我找人把字母刻在木板上，让孩子们摸一摸这些字母的印迹，并且反复临摹，他们就会很快地记住这些字母，而且很长一段时间也不会忘记。

通过木板之类的教具来教学，并且注重加强孩子们的临摹，经过一段时间之后，即使是那些智能发育缓慢的孩子也掌握了一些字母的书写。

这些事实让我明白，在儿童的学习中，触觉是有很大作用的。得出这个结论之后，我又制作了一些字母卡，让儿童用手去摸这些字母并感知它们的形状。

借助字母卡，儿童之家的孩子们学习进展得很顺利，他们在很短时间里就获得了令人欣喜的成绩：这些儿童是从9月开始学习字母的，到年底时，他们中的很多人就能独立书写圣诞卡片了！

掌握了书写的能力之后，孩子们想了解更多关于字母的知识，他们开始问我更多的问题，例如字母是怎么发音的。就好像有一台吸尘器藏在这些孩子的身体里，迫不及待地想要把所有的字母都吸进去。

这太令人感到惊讶了！不过，儿童之所以出现这样的反应，也很好理解。他们的头脑中已经储备了语言，字母刺激了他们对语言的感觉，能分析他们所说的话。

当儿童看到一个陌生的单词时，如果不认识里面的某些字母，他们会问我们，这些是什么字母。这些儿童的内心藏有很强烈的对知识的渴望，他们会在这一动力的驱使下，将自己会说的单词拼写出来。

无论单词多难、多长，只要孩子们认识，就能拼写出来。当他们拼写单词时，会根据老师读单词时发出的声音，从字母盒中挑选出相应的字母，再将词语拼写出来。老师刚念了一遍单词，孩子们就快速地将这个单词拼了出来。

有时候，老师只需要读一遍单词，4岁的儿童就能快速地将它拼写出来。但如果换作7岁或是年纪更大一些的儿童，却无法做到这样，老师常常要将单词重复读上很多遍，他们才能掌握读音和拼写。

显而易见，不同年龄的儿童表现不同，敏感期是导火索。在某个时期，幼儿的心智对某些刺激会非常敏感，就像软蜡一样。一旦过了这个时期，这种敏感性就会消失。

儿童都知道，很多能发出声音的字母组成了“单词”。根据一个个字母的读音，他们能够分析并拼写出这些“单词”，这就进入了书写的阶段。

儿童反复触摸过字母卡片，已经熟悉了每个字母的形状。所以，他们会像2岁时进入“说话爆发期”一样，进入“书写爆发”阶段，突然就掌握了书写的能力。

当儿童的心理机智成型后，他们就进入了全语言时期。在这一时期，只要孩子们开始写出一个单词或者两个单词，很快地，他们就能写出其他的单词，并且写出所有他们会说的话。我们就没必要像在传统学校里那样，一个字一个字地教孩子们书写了。

从那之后，儿童内心会产生一种书写的渴望，他们会利用任何工具（比如粉笔）、不分场所（比如在墙上、过道上）地进行书写。在内心渴望的推动下，只要有空间和机会，儿童就会反复书写，而不只是为了完成任务。

在那个阶段，我们就会发现，周围到处都有字——墙上、家具上、地上、黑板上，甚至面包上可能都有。很多母亲发现，她们的孩子会在家里到处写、不停地写，甚至睡着了之后，手里的笔也没有放下。

有些家庭比较贫困，母亲不识字，也买不起纸和笔。为了满足孩子书写的要求，这些母亲会向我们求助，我们会提供给她们一些纸笔。

为了让孩子们练习书写，我们设计了一种带有线条的纸，线条和线条之间留有很大的空白。后来，线条与线条之间的距离逐渐缩小。

我们发现，在任何规格的线条纸上，儿童都可以流利地书写，有的儿童甚至能像印刷一样，把字写得又小又漂亮。

让人惊讶的是，这些儿童甚至比小学三年级的孩子都写得好。这些儿童触摸的都是相同的字母卡片，记住的都是相同的字形，因此他们写出来的字形也都十分相近。

然而与快速掌握书写能力不同的是，这些孩子的阅读能力并没有提高，这形成了巨大的反差，看起来似乎有点儿荒谬。

一般人都认为，儿童需要先掌握阅读的能力，然后才会书写。但是我们这里的儿童不一样，他们会先分析“单词”所包含的声音，并根据声音用活动字母把字拼写出来。

在孩子们的观念里，每个字母都有一个声音，当一个儿童处于语言敏感期时，他会发展出将字母和语音连接起来的能力。

随着语言能力的发展，孩子们不仅会用嘴巴表达，也可以通过书写来表达了。但是，孩子们在这个时期还不具备阅读的能力。为什么会这样呢？我曾经认为，这是印刷体与书写体之间有差异而导致的。

可是就在我告诉这些儿童不同字体之间的差异，准备帮助他们克服阅读障碍时，他们突然就会阅读了！而且他们能看懂任何字体，甚至连日历上的哥特体也读得毫不费力。

我终于明白了，在学会书写大约5个月之后，这些儿童又产生了强烈了解自己所书写的字的含义的渴望。

就像科学家研究史前碑文一样，这些儿童会观察、比较字母符号，试图找出其中的意义。这时，孩子们会像“书写爆发”期一样，在阅读方面出现爆发现象。

有些父母会抱怨，当他们陪孩子散步时，孩子总会停下来。孩子们为什么总停下来呢？这是因为他们想去读周围店家的招牌或广告，是他们对阅读产生兴趣和渴望的表现。

如果具备了所有条件，一个儿童成长到6岁左右，就几乎能阅读每一本故事书了。我们很惊讶，孩子们的阅读能力竟然进步得如此之快。

相比于语言学习，数学方面的学习不是那么容易解释了。数学有三种形式：算数：数字科学；代数：抽象的数字；几何：抽象的抽象。

在儿童之家，我们很早就开始教孩子们学习数学，并将数学的三种形式都呈现在他们面前。这种教学方式产生了很好的效果。

当我们给孩子们讲解“数量”时，会将“个”“十”“百”“千”用几何形状，即点、线、面、体的形式呈现出来。设计教具时，我们也会充分考虑并体现出以上三种特性。

在学习的过程中，我们发现，儿童对数字和几何表现出了浓厚的兴趣。利用几何形状的方式，儿童很快就会用代数方式来表达量的抽象性与它们之间的关系。

这一结果出乎大家的意料。因为在最初的教学实验中，儿童对语言学习的兴趣，似乎比对数学学习的兴趣更浓厚。我们以为，儿童喜欢学语言，而不喜欢学数学，是因为数学枯燥而抽象。

事实证明，我们的观点是片面且错误的。

在人们的一般观念中，即使一个幼儿的数学学得再好，他也仅限于会10以内数字的简单四则运算。但是在我们儿童之家，这些五六岁儿童的行为却表明，他们更热衷于学习10以上的数字的运算。更让我们感到意外的是，4岁的儿童也对数学表现出了很强烈的兴趣，并能很投入地学习。

根据这些发现，我们在数学的学习活动中加入了代数和几何。如果可以用实物来学习数学，儿童的学习兴趣会更高昂。

像学习语言一样，儿童在数学学习方面的良好发展，没有任何先兆。对于这种发展，我们没有分析出源头，只好将其归因为儿童早期的特殊倾向。

我们根据观察发现，儿童对于一些要求有高度准确性的活动，都会表现出超乎想象的兴趣，而且活动越复杂，儿童的兴趣就越浓厚。

很多活动都会对准确性有所要求，比如在动作中、在操作性的工作中，或在花卉、昆虫的观察研究中。

追求准确是一种天然的特性，并且会朝着数量方面发展。由于数学具有抽象的特点，从而也把准确性带到了抽象的层面。

在数学的学习过程中，儿童从实物开始，进入抽象的“数”，再进入更抽象的代数。对准确性的要求，普遍存在于实物、抽象、代数这三个领域中，因此这些活动对儿童来说具有很大的吸引力，能让他们对这些“单位”的含义有更深的理解。

我们从哲学家、物理学家巴斯卡的观点中得到了很大的启发。巴斯卡对数学也做过深入的研究，他认为，数学特性是人类心智的特点之一，人类的进步就是遵循了这一特性。

我们这里的儿童通过行动，证明了巴斯卡的观点是正确的。

有些人会存在顾虑，他们认为学习过多的知识、吸收过多的东西会让儿童过于疲劳，影响他们的身心健康发展。但在儿童之家，我们接触的这些6岁以下的孩子，却提供了相反的事实。

我们会发现，身处传统学校的孩子们往往很容易疲倦，他们很难被教育者教导，对教育者的教导也没有什么兴趣和热情。

一些父母出于爱孩子的心理，会希望自己的孩子安静地玩耍、睡觉，其他的事都不要做。根据我们的观察研究，儿童并不喜欢这种安静、不活动的生活状态，他们会对此提出抗议。

在与3—6岁甚至更小的儿童相处时，我们没有在他们身上发现疲劳的现象，与此相反的是，他们越学习越有精神。

并不是所有的活动都会让人类的身体产生疲劳的感受，比如我们在吃东西的时候，需要用上下颚、牙床、舌头不停地咀嚼食物，它们的工作不可谓不辛苦，但是我们并不会因为频繁咀嚼而疲劳，反而会因为吃了东西而感受到自己更有能量了。同样，健身也是一样的，健身并不会让我们感到疲劳，而是让我们充满了活力。

儿童的心智发展也是如此。儿童在心智活动的过程中不仅不会疲劳，反而充满了无穷无尽的力量，并且发展得很顺利。

儿童的天性是会接受文化的熏陶。但是在儿童生命早期的敏感期，我们却没有让他们接受文化的熏陶，而是用玩耍、睡觉等方式让他们放弃大自然所赋予的天性。

根据儿童与生俱来的本性，他们一刻也没有停止对文化的吸收和学习。如果周围没有什么东西可学习、可吸收，儿童就会将目光转向玩具，以此来满足自己。

一些心理学家认为，儿童离不开游戏，游戏会促进他们的身心发展趋于完善。事实上，从某种角度来看，这些心理学家也承认了儿童是在吸收特殊的环境。

这些心理学家断定：在游戏中，儿童会自主地吸收环境，我们成人应该任凭他们自己玩、学习和吸收文化，不必给他们提供帮助，不要打扰他们，只需要在一旁观察。

可是，儿童是怎么做到在如此复杂的生活环境里还可以学习并吸收文化的呢？难道只是玩玩具、做沙堡就可以从中吸收文化吗？答案是否定的。

在这方面，人们的看法产生了很大的分歧和争议。有人主张，当儿童学习、吸收文化时，成人与他们的交流会产生很重要的作用与影响；有人主张，当儿童学习、吸收文化时，成人不应该打扰他们，应该给儿童独立的空间，让他们自己发展。这两种说法，到底哪一种正确呢？

真正合理的解释是，假如幼儿的自然天性真的有吸收文化、学习环境的倾向，我们就应该把握时机，给他们创造适宜的环境，提供必要的帮助，让他们可以借助相关物体进行学习和探索。

在儿童之家，我们放置了很多适合儿童的器材和物品，他们可以利用这些器材和物品模仿成人的行为，进而发展为自己的能力。我们之所以放置这些东西，就是为了顺应儿童的天性，帮助他们学习并吸收当下的文化。

我们不仅给儿童提供玩具，还包括其他适合的器材。娃娃、玩具以及各种玩偶并不是我们诱使儿童去学习的工具。

成人究竟应不应该干涉儿童的学习？这些器材和物品有用吗？我们可以从儿童的表现中找到答案。当我们刚摆出教具，那些儿童全都围了上来，争先恐后地去拿取自己想要的物品。

你瞧，**儿童的内心是渴望刺激的！如果成人一味地将他们放逐在孤寂的环境里，不理不睬，只会令他们感到茫然无助。**

现在，儿童发现了能发展自己心智的器具，像饥饿的狮子一样扑了上去，吞食这些能促进他们心灵成长的东西，就好像饥饿的心灵会吞食精神食物一样。

就这样，儿童融入当前的文明中，并且会继承了人类的文化。

儿童的内心具有巨大的能量，在人类的发展历程中，这种能量至关重要。要了解这一点，我们就要去细心观察儿童，并用适

当的方式帮助他们。

我们不应该盲目地相信游戏的魔力，而是应该信任儿童的内在能量。我们需要研究出一种实用科学，帮助儿童去运用自己内心蕴藏的巨大能量。

通过观察获得的方法

一定要让儿童的心里有了准备，才能真正服从。为了让儿童的心灵自由舒展，我们要给他们“准备好的环境”。

Chapter 2

在我的早期教育实验中，最先引起社会上广泛关注的是儿童的“书写爆发期”现象，这种爆发不单单指儿童的书写能力，更代表了他们内在的潜能。

一座火山，稳稳地伫立在那里，从表面上看，似乎没有发生任何变化。然而在火山的内部，炙热的岩浆无时无刻不在滚动着，终有一天，这些岩浆和火焰会穿过地表喷涌而出。

当火山爆发时，火焰、烟硝和其他一些不知名的物质会从地心喷涌到地表。通过研究火山喷发出来的东西，人们了解了地球的内在成分。儿童身上出现的“爆发”现象，也是同样的道理。

如果儿童所处的环境中没有诸多限制性的因素，那么他们的潜能就会真正地爆发出来。贫穷、无知，没有老师、课本以及各种教条，生活背景几乎是一片空白……就因为一无所有，儿童才能够自由地展现天性。

在儿童之家，没有什么束缚儿童潜能的障碍，也没有人知道什么会束缚儿童的潜能。

我们需要注意的一点是，儿童的爆发期不是由某种教育法而引发的。因为当时，并不存在所谓的“方法”，后来随着心理学的研究、追踪，我们才创立了方法。

儿童的爆发期是他们内在潜能被激发的结果。在一些报纸上，将儿童的爆发期现象称为“人类心灵的新发现”。

我们观察到的各种事实可以分为两类：

第一类事实是，儿童在很小的时候就能靠自己的心智吸收知识，并且会通过自己的活动来吸收知识。

第二类事实是，应尽早开始发展儿童的个性。但一些资深的教育家却持有错误的观点，他们认为对儿童个性的发展教育不能太早进行，在他们的观念里，儿童的性格或个性是成人教育出来的。

实际的情况是，3—6岁是儿童性格发展的关键时期，如果儿童处于合适的环境条件下，他们每个人都会依照自己的天性形成独特的性格。

如果儿童在0—3岁时从环境中吸收了很多东西，等到他们3—6岁时，就能集中精力，专注于自己正在想的事。

对于吸收获得的每一样东西，儿童都会在头脑里将它们进行分析整合。儿童之所以进入书写爆发期，是因为他们在此之前学会了用口头语言说话。

到了5—6岁时，儿童对于语言的敏感性会逐渐降低；而4岁左右是书写的敏感期，在这个时期，书写会让儿童兴奋；但到了8—9岁，儿童对书写的热情就降低了。

在书写爆发期，儿童能自如地运用书写器官，这是因为他们以前有过准备，也被称为“间接准备”，“间接准备”是我们教育法的一部分。

我们知道，对某些器官的使用，当新生命尚处于胚胎期时就做了“间接准备”。在器官没有发育成熟之前，身体不会向它们发出使用指令。

想要让儿童付出，只靠模仿或强迫是没有用的。**一定要让儿童的心里有了准备，才能真正服从。为了让儿童的心灵自由舒展，我们要给他们“准备好的环境”**。

当儿童很小的时候，他们会依次学习声音、音节，然后是名词、形容词、副词、连词、动词、介词等，由此可见，他们语言方面的发展似乎是按照文法顺序进行的。

根据这一现象，我们提出了一个建议，在儿童语言发展的第一时期，要按照文法顺序帮助他们学习语言。我们要在儿童3岁或是更早的阶段，就教他们学习文法。

在一般人的眼里，这种做法不切实际，甚至很荒谬。实际情况是，幼儿或者说年龄小一点儿的儿童，对于文法学习表现出了很大的兴趣和热情；年龄大一些的儿童，在这方面的兴趣却不怎么高昂。

老师们发现，儿童之家的孩子对于学习词汇很有兴趣，而且书写能力也很强，他们能很快地记住单词并拼写出来。不过，儿童之家里的老师大都教育水平有限，当这些老师的词库用尽之后，孩子们会跑来找我，希望我能教他们更多的单词。

我也做过一些尝试，让儿童之家的孩子学习更难的专业术语，例如多边形、梯形等几何图形名词或其他同等难度的单词，看看他们能不能接受。令人惊喜的是，他们很轻松地就掌握了这些术语。

在那之后，我又教了更多学科的术语，如科学实验器材（温度计、气压计等）和植物学（花瓣、花托、雄蕊、雌蕊等）等方面的。这些儿童依然表现出了极大的学习热情，并希望能学会更多。

可见，处于3—6岁阶段的儿童，不论他们面对多么复杂、冗长的词汇，也不论这些词汇是哪方面的——动物学、地理学还是其他学科，都拥有很强烈的学习兴趣。

在这样的情况下，反而给老师带来了困难，因为老师并不会所有学科的术语，其中有些名词对他们来说很陌生，他们也很难记住这些词语的含义。

在儿童的脑海里，他们对于眼前实物的想象已经远远超越了实物本身。比如，当儿童玩游戏时，他们会把眼前的桌子看作房子，把椅子看作马，还会幻想出美妙的仙女和神奇的仙境。如果他们面对着地球仪，甚至能想象出世界的景象。

有一次，一群6岁左右的儿童围着一个地球仪，他们七嘴八舌地发表着自己的看法。一个4岁的儿童上前一步，说："我看到了，这就是世界吧？我的叔叔说他环绕过世界三次，我现在知道那是怎么回事了。"

这些儿童知道，眼前的地球仪只是模型，是真实世界的缩小版，真正的世界是很大的。

旁边还有一个不到5岁的儿童，他也想凑上前去，近距离地观察地球仪是什么样子的。

当年龄大一些的儿童在讨论时，这个5岁的孩子趁机问了一句："请问哪里是法国呢？"大孩子就会在地球仪上指出法国的位置。

5岁的孩子继续问："荷兰在哪里呢？"大孩子们又在地球仪上指出了荷兰的位置。接着，5岁的孩子看了看地球仪，指着上面的一块蓝色区域，问道："这是海吗？我的爸爸每年都去美国两次，他住在纽约。每次爸爸出发之后，妈妈就会告诉我：'你的爸爸现在正在海上。'过了几天，妈妈会说：'你爸爸到纽约啦。'再过几天，妈妈又会说：'爸爸到了海上。我妈妈还跟我说过不了多久，我们就能和爸爸在鹿特丹相聚了。'"

这个5岁的孩子之前已经听父母说起过美国，现在，他在地球仪上发现了美国，他因此而感到很开心。这是因为他在自己的内在心智地图上找到了一个已知事物的新定位点。这个孩子先是从妈妈那里学习、收集词汇，现在他用自己的想象力将这些词汇拼凑起来，从而建立起自己的心智地图。

当前，很多6岁以下的儿童将想象力耗费在玩具游戏和幻想故事上，事实上，我们可以让儿童把精力更多地投入现实中，让他们从真实存在的事物出发，去开发自己的想象力。

幼儿常常喜欢问各种各样的问题，他们无论看到什么、听到什么，都想一探究竟。儿童的这种表现是求知欲的一种体现，成人不能忽视或者表示反感，而是应该将其看作一件有趣、有价值的事。

作为成人，我们还要注意，不要用太长、太复杂的话语去回答儿童提出来的问题，他们不喜欢这样，他们更喜欢简单的答案。如果可以的话，我们最好用实物来对问题进行具体的说明。

我们要了解孩子在前一阶段的发展状况，做好准备，抛弃先入为主的错误观念。对待3—6岁的孩子，我们的态度应该更加灵活一些。

值得庆幸的是，相比从老师和父母这里学到的知识，周围环境能让儿童学到更多的知识，这避免了他们受到成人先入为主的观念的影响。我们只需要陪伴儿童，在他们需要的时候给予帮助就可以了。

怎么培养儿童的性格，并对他们进行道德教育呢？对于这个问题，我们要从不同的角度来看待。性格是没有办法教授的，我们能做的，只是在儿童形成自己性格的过程中给予协助。

6岁是一个很重要的阶段，此时的儿童在内在本性的驱使下，已经基本上形成了自己的性格。性格不是靠外在的教育或压力而形成的。

0—3岁非常重要，这个时期发生的很多事情，能够影响甚至改变一个人的性格。

3岁左右的儿童，已经能够显露出一部分性格特点。在这时，我们可以看出孩子是否在性格形成的过程中遇到了障碍，是否有什么因素压抑了他的天性。

假如一个儿童在被孕育的过程中、出生时以及出生后都受到了科学的照顾，那么当他从婴儿成长到3岁后，必然会成为一个优秀的个体。不过，这种情况十分理想化，在现实中是很难实现的，因为有很多无法避免的障碍会影响儿童的发展。

尽管后天的一些因素会导致儿童的性格出现缺陷，但是其程度往往不及胚胎期，而孕育过程中的影响比胚胎期更大。

如果一个儿童在成长的过程中出现了性格缺陷，那么可以在3—6岁时调试与修正。但是如果这种缺陷是在出生时或更早时候就形成的，矫正起来就有难度了。

对于一些官能性的疾病，如痴呆、癫痫、瘫痪等，我们往往束手无策。但如果儿童在6岁前出现了非官能性的问题，还是有治愈的可能的。而且如果对于这些问题视而不见或者置之不理，它们就会一直存在，甚至会越来越严重。

在一个6岁儿童的成长过程中，由于受到环境等后天因素的影响，他的身上会表现出很多原本不属于自己的性格特性。

如果儿童在3—6岁的成长期受到了疏忽，进而会影响7—12岁时的道德发展，出现很多问题：他的智力发展可能会低于正常水平，可能会有道德缺陷，学习能力低下……以往的打击或者伤害会在他的心灵中留下印记，使他的内心满是伤痕。

我们详细记录了儿童之家里每一个孩子的生理状况，并且也通过问卷等形式，了解他们的其他情况以及遇到的问题。根据这些调查数据，我们会对儿童在各个发展阶段的情况做出判断，并制定相应的教育措施。

我们会在问卷中设置这些问题：是否有家族性遗传疾病、孩子出生时父母的年龄、母亲怀孕后是否遇到过问题（如意外、创伤等）、生产过程是否顺利等。

设置这些问题不仅是为了了解儿童的家庭情况，也是为了掌握儿童在成长过程中是否受到过伤害，例如父母、保姆等人的态度是严厉还是和善，儿童是否受过惊吓等。

我们认为，很有必要让父母填写这些问卷。这是因为送到儿童之家的孩子，大多性格怪异、顽皮。这样的性格是怎么形成的呢？我们需要仔细调查，才能更好地掌握孩子们的现状，从而更好地帮助他们。

如果儿童的行为出现偏差后，我们不及时矫正，久而久之，儿童的性格也会出现偏差。

出现偏差行为的儿童大致可以分成两类：一类儿童不容易屈服，常常与人敌对，性格中有坚强的一面，他们会经常发脾气、大喊大叫，喜欢搞破坏或者戏弄别人，也具有很强的占有欲，甚至会虐待小动物；另一类儿童则容易屈服于权威，性格比较懦弱，他们往往是被动、消极且极度依赖他人的，说话、做事很慢，稍不如意就会采取哭闹的方式以求达到目的，有一些会有撒谎、偷窃等坏毛病。

第二类儿童还会出现身体上的问题或疾病，如厌食或者贪食、怕黑、爱做噩梦等。他们之所以出现这些身体上的问题，其实是因为心理上出了问题。我们要将这些问题与纯粹的生理疾病区别开来。

如果儿童出现了这些问题，特别是症状十分激烈的时候，会被父母视为烫手的山芋。自认为不幸的父母为了摆脱麻烦，就会把孩子送进托儿所或者幼儿园。

有的父母会为了管教出现问题的孩子而采取打骂的方式或者是不让吃饭的惩罚。这样的儿童即使父母健在，也和孤儿没什么两样。而且面对父母如此严厉的管教，孩子会采取更消极的态度或行为进行抵抗。

有时候，孩子出现了退缩的行为，父母反而会错误地理解为他们变乖了、很听话，因而更乐于任他们自由发展。如果孩子出现黏腻的行为，例如总是缠着父母或者父母不陪在旁边就不睡觉，父母也会误认为这是因为孩子太爱他们了。

但是过不了多久，父母就会发现自己的孩子在走路、说话等方面的发展比较缓慢，晚于其他孩子，还有可能表现出胆小、厌食等情绪或者行为，或是时刻需要妈妈的关心和爱抚。

当发现孩子的这些症状后，父母会认为是孩子太敏感了，宽慰自己这样的孩子有成为诗人或圣贤的潜质。但现实很快会让他们知道，如果孩子表现出了这些症状，其实是因为身体或者心理出现了问题，有时甚至需要医生的介入才能解决。

儿童之家建立后，在很短的时间内就获得了公众的广泛关注和认可。一个很重要的原因就是，送到这里的儿童，身上的类似症状很快会消失。这是为什么呢？

关键原因就是儿童之家的环境适合儿童的成长。这些儿童可以在这里自由、自发地做自己的实验（我们称为“工作”），以滋养他们贫瘠的心灵。

一旦儿童的兴趣被激发之后，他们就会反复练习，一遍又一遍，丝毫不觉得厌倦和疲惫。当他们集中精力做完一件工作后，很快就会再去做下一个。

这里的儿童专注于自己感兴趣的工作，他们身上那些消极的症状就会逐渐消失。之前被动的、顽皮的儿童会转而变成主动的、乐于助人的人。

由此可见，有些消极的性格是因为受到了不合适的环境的影响，并不是儿童的本性。

对待有问题的儿童，无论是采取顺从或严厉的管教态度，还是用药物治疗，都没有太大的作用，他们更需要的是心灵上的帮助和指导。对待顽皮、爱惹麻烦的儿童，我们既不能大动肝火、感情用事，也不能在语言上伤害他们，例如称他们为“白痴”等。更合适的做法是，让孩子做感兴趣的工作，并且不要随意打断他们的工作。

人是智慧生物，对心灵食物的需求超过了对物质食物的需求。人不像动物，人要根据生活中的相关经验建构自己的行为，进而建构自己心理的智慧。

符合时代发展的新式教育

儿童必须自己塑造自己，这是最基本的观念。因为儿童有自己内在的发展要求，这从他们的各种自我表达中可以很容易地看出来。

Chapter 3

根据传统教育的理论，人们认为，成人可以随意塑造儿童的行为和心理，因为儿童是一无所知的，需要成人来填充并改造他们。也可以说，**成人就是儿童的创造者**。

成人对儿童总是有要求的——要优秀，要成为成人眼中的“好孩子”。然而，成人往往没有给予儿童真正有益的帮助，并且拒绝为儿童提供促进其心智发展的锻炼机会。

成人常常有意无意地将儿童当作玩具，和儿童随意地开玩笑，将儿童的无知当作笑料，由此来显示成人自己的能力和强大。成人的这些行为，不仅为儿童带来了不幸，也让成人自己陷入了悲哀的境地。

正是由于这种错误教育观念的指导，成人遵循了一种“我说你听，我教你做”的教育模式，既简单又粗暴。成人想当然地认为，教育就是发号施令，教育孩子就是命令孩子老老实实地“按照大人说的”做事。

举几个例子：如果给孩子讲英雄故事，在故事的末尾，成人总会激情澎湃地为孩子确定一个人生目标——“你也要成为一名英雄啊”；如果给孩子讲道德模范的故事，成人往往会语重心长地对孩子说出自己的期盼——“你要是有这些优良的道德品质，我就放心了”；如果讲到某个成功人士的故事，成人又会“命令”孩子——“你要像主人公一样，坚强地打拼，永不退缩”……

一旦儿童违抗了命令，或者对成人的要求表现出不满或烦躁，成人又会摆出一副训诫的面孔，说道：“父母供你吃、供你穿，还请老师教你学习知识，几乎帮你解决了所有的问题，让你可以无忧无虑地成长……你还有什么不满意的呢？”

依成人看来，这样不停地命令儿童，就是在“教”儿童如何做事。为了让儿童达到他们的要求，他们会不停地指出并纠正儿童的错误。这一切都是出于成人的控制心理，他们认为儿童必须彻彻底底地服从自己。为了达到这个目的，成人有时甚至会采取暴力的手段。当成人做这一切时，都会打着“为了儿童好”的旗号，认为自己是在塑造一个具有良好品质的“优秀儿童”。

成人会将自己的经历和经验强加在儿童的身上，并且认为这样做会给儿童的成长带来好处。如果他们告诫了儿童哪些事情该做、哪些事情不该做后，就会要求儿童牢记并遵守。

比如，父母认为，孩子的当务之急就是好好学习，因而命令孩子从早到晚都坐在书桌前学习那些枯燥乏味的课程，看那些父母自己都不愿意看的书。至于孩子的内心是度日如年还是甘之如饴，父母并不关心。如果孩子整天趴在书桌前学习，导致腰也弯了、背也驼了。父母还会因此生气，认为孩子的动作不优雅，甚至会训斥孩子说："不要弯腰驼背！这样看起来缩头缩脑的，真丢人。"

奉行传统教育理念的老师也认为，自己是培养和塑造儿童的"园丁"，无论是智力发育还是文化水平，这些有关儿童未来的能力发展如何，都是由自己一手掌握的。正因为如此，老师就会将自己认为的所谓正确的知识灌输给学生，并且当他们授课的时候，要求学生必须中规中矩地坐在课桌前，保持安静，认真听讲。如果学生不能遵守纪律，老师就会采用各种惩罚手段。

只有当学生将课上传授的知识都记住并理解正确了，老师的工作才没有白费。如果有督学到学校里来例行检查，学生若能对他的问题对答如流，督学就会很满意。他可能会对学生的老师说："你的工作做得很不错，值得表扬。"这时，老师的工作受到了肯定，甚至会因此得到嘉奖。

可见，传统学校的教育观念就是：优秀的学生是老师创造出来的，学生取得了成绩归功于老师的付出。

若能将儿童"驯服"，成人会感到满足和骄傲，因为这样满足了他们的控制欲，意味着儿童的一切都在他们的掌控之下，诸如儿童的性格、行为或是道德发展等。

可是儿童却不会对成人的做法照单全收，偶尔会奋起反抗。在成人眼里，儿童的反抗被视为"任性""淘气""不听话"等。他们并没有意识到，儿童的反抗证明了教育的无效，也就是说，这种教育方法是错误的。

成人会认为，儿童“任性”“淘气”“不听话”的表现是一种缺陷，会尝试通过讲故事、讲道理等方式，来设法纠正儿童的这些“错误行为”。

善于表达的儿童则会向成人大声宣告：“我淘气是因为我受到了伤害！你干涉了我的自由，让我很难过。我是在保护自己！”听听这些儿童的真心话，他们多么希望成人能够尊重他们的需求啊。

当然，不能否认的是，父母和教师的帮助在儿童成长的过程中必不可少，对儿童的成长起着重要的作用。但这并不意味着儿童应该由成人创造，也不意味着成人可以按照自己的意愿随意地塑造儿童。儿童的命运掌握在自己手里，只有他们自己才能创造自己，成人在儿童的成长过程中只是起到协助的作用。

儿童从一出生就应该接受教育，这种观念是人们普遍持有并激烈讨论过的。不过，这种观念的理论性太强，实际执行时会有些牵强，至少不如保障孩子的身体健康那么容易操作。比如，有一些专为1岁以下的幼儿开办的特殊“学校”，由医生为幼儿教授手和脚的运动课程，以便幼儿长大后能更好地使用手和脚。然而在这些运动课程上，医生只是简单地将成人的活动方式套用在了婴儿的身上。

在我看来，这样做没有遵循婴儿身体的发育规律，设立这种“学校”和课程是错误的。如果不尊重婴儿身体的发育规律，就会给婴儿造成伤害。

当然，我们也没有必要为了保护婴儿而谨慎过头，完全拒绝婴儿做任何运动。我在这里想要强调的是，在对婴儿进行教育之前，我们要充分了解婴儿的身体发育规律，进而遵循这种规律去引导婴儿的活动。

将成人的活动方式套用在儿童身上，就会将儿童塑造成“成人”的缩小版，也就是“小大人”。这是不可取的。我们应该让儿童依照自己的秉性和需求去活动、去成长。

儿童的运动应该根据他们的自我意愿来安排，只有这样，他们的肌肉才能得到正常的发展。成人能做的，就是等待儿童利用自己的内在法则来安排自己的活动。

在等待的过程中，我们可以观察儿童，了解他们的发育过程。之所以要用观察这样的方法，是因为当儿童还处于婴儿时期时，语言表达能力不强，以至于我们无法用语言直接跟他们沟通并从中了解他们的需求。

在成人眼里，婴儿是个“小麻烦”，无法自己照顾自己，并且哭起来就吵得别人不得安宁，需要成人无微不至的照顾。成人也是这样做的。在新生命来到这个世界的第一年，成人会无微不至地照顾婴儿的身体，但是却完全忽略了婴儿的心理。

任何阻碍儿童成长的时期，都会对其日后的人格形成产生巨大的影响。

教育学家认为，婴儿以及几岁大的儿童就像“软蜡”

（ceramolle），言下之意，儿童在这个阶段很容易被塑造，可以任意被拿捏。

“软蜡”这一想法本身是没有错的，问题的关键在于，到底是谁塑造了儿童。很多人都认为，成人可以根据自己的意志塑造儿童。事实上，**儿童必须自己塑造自己，这是最基本的观念。因为儿童有自己内在的发展要求，这从他们的各种自我表达中可以很容易地看出来。**

在儿童眼中，成人是无所不能的。然而，成人却可能不加思考地去干预儿童的行动，破坏儿童自己刚刚塑造起来的“软蜡”的轮廓。如果成人并没有留意，儿童就会重新塑造自己。可实际的情况是，成人往往会一再地破坏儿童的塑造工作。冲突就这样产生了，并且会一直持续到儿童完全投降，放弃依靠自己来塑造自己。从这以后，儿童就会懒得表达自己的意见，更不想去做自己想做的事情了。

可见，婴幼儿是儿童成长的敏感时期，这一时期的正确教育比之后的教育更为重要。作为成人来说，要避免在这一时期阻碍儿童的个人发展以及自我塑造。成人不能盲目地干预儿童的成长，而是应该顺应儿童的心理需求。天神创造世界，魔鬼毁灭世界，我们要做帮助儿童成长的“天神”，不要做“魔鬼”。

身为教育者，我们的职责是通过正确的途径观察儿童，了解他们的特点，并从中认识到怎样做可以帮助儿童成长，避免自己成为儿童成长道路上的“绊脚石”。

不论我们是面对婴儿还是年纪稍大一点儿的儿童，在教育过程中，最重要的任务就是觉察他们的变化并尊重他们的人格。

如果因为不喜欢吵闹而拒绝儿童与我们在一个空间相处，或者因此呵斥儿童，并要求他们保持安静，这是对儿童的不尊重。或者有时候，我们在这个房间里吃饭，而让儿童单独待在另一个房间，哪怕他哭闹也置之不理，这也是对儿童的不尊重。

作为成人，我们不应该用这样的方式对待儿童，而是应该把儿童当成一个值得尊重的人。

无论大人还是儿童，每个人都希望得到别人的尊重。当我们要求别人尊重自己时，我们也要用同样的态度对待儿童。

其实，成人的很多行为都可能给儿童造成伤害，但成人往往没有意识到，反而陷入自己的惯性思维之中，认为自己做的都是理所当然的。

在生活中，成人经常忽视儿童的自我需求，并因此给儿童带来伤害。但是即使如此，成人也从来没有跟儿童表达过自己的歉意。

为了吸引儿童的注意力，成人常常会辅以鲜艳的颜色、夸张的动作或者是提高音调。但这常常是多此一举，因为儿童的观察力是非常敏锐的，很多成人没有观察到或者以为儿童也观察不到的东西，其实儿童往往都能观察到。儿童甚至可以通过观察，将事物或者动作形成影像，储存在记忆中，并且能从中发现事物之间的关系。

举个例子。有一个1个月大的婴儿，他出生后至今只见过两个男人：他的爸爸和他的叔叔，而且爸爸和叔叔都是单独出现在婴儿面前，从来没有同时出现过。

爸爸和叔叔长得非常像，这一天，他们一起站在婴儿面前。婴儿一会儿看看爸爸，一会儿看看叔叔，脸上的表情既惊奇又疑惑。

爸爸和叔叔并没有立刻离开，而是安静地站在那里，让婴儿仔细地看个够。来回观察了一段时间，婴儿的表情终于放松下来，他明白了，面前站着的是两个不同的人，只是长得像而已。

如果此时爸爸或叔叔立刻离开，或者他们开始对婴儿说话或逗笑，就会分散婴儿的注意力，使得婴儿无法对他们俩的不同形成更深刻的认知。事实上爸爸和叔叔是怎么做的呢？他们又站了一会儿，才一前一后慢慢地走出了房间，这样一来，婴儿更加确信，这是两个不同的人。

婴儿爸爸和叔叔的做法就很好，他们给了婴儿观察的机会，有助于婴儿形成自己内在的能力，达到了教育的目的。

还有一次，我在餐厅吃饭时遇到了一位母亲和她几个月大的婴儿。

当时，这位母亲抱着婴儿经过了一幅水果画，婴儿被画上的水果吸引住了，他一边看着画，一边假装吃水果。这个婴儿很显然还没到能吃水果的年龄，他可能是在此之前看过别人是怎么吃水果的，于是现在模仿起别人吃水果的动作。看到婴儿“吃”得那么开心，母亲就抱着他站在画面前，直到婴儿停止“吃”水果才离开。

儿童进行内在的动作练习的表现之一，就是模仿他人的行为。这位母亲没有阻止婴儿的行为，而是允许他完成这项活动，也称得上是一位“教育家”。

还有一个儿童，当他看到芭蕾舞者雕像时，会立刻模仿舞者跳起舞来，这是因为他回想起看过的舞蹈场景，知道这个雕像的姿势是在跳舞。

儿童会特别关注房间的布局和摆放的物品，假如房间里多了新的物品，或者有人将房间里的某件东西拿走了，儿童很容易就会发现。

一位母亲和女儿在室外时，女儿发现墙边有一块石头，立刻被吸引住了。此后每次出门，女儿都要停下来看看这块石头。

显而易见，儿童是天生的观察家，他们视觉敏锐，对花朵或动物充满了浓厚的兴趣。所有观察到的东西，他们能分门别类地、有序地存放在自己的头脑里，这都体现了儿童的内在需要。

为了满足自己的观察欲望，儿童会自己找些事情做。例如，当一个成人和一个几个月大的婴儿说话时，婴儿的眼睛会盯着成人的嘴巴，观察成人的嘴形变化。即使成人并没有真的发出声音，而是嘴唇做出一些微小的变化假装说话，婴儿也会一直专注地看着成人的嘴巴。婴儿之所以将注意力集中在成人的嘴巴上，是因为他有这样的内在需求，想要发展语言能力，表现出来就是他们对语言变得非常敏感。观察成人说话时的唇形，可以促进婴儿的语言模仿能力，这与婴儿对语言发展的内在需求是符合的。

接下来，我们再看一看年龄更大一点儿的儿童的情况。

在我的观察实验中，有几位日本父亲给我留下了深刻的印象，因为我发现他们对儿童的了解程度，可以说和我比起来也是有过之而无不及。

有一次，我看到一位日本父亲带着儿子在外面散步，儿子看上去有两岁了。只见他们一开始是慢慢地走，突然，儿子一屁股坐在路边，怎么也不肯再往前走了。这位父亲看到儿子这样，没有发脾气，也没有拿出家长的威严命令儿子站起来，而是站在一旁耐心地等待。直到儿子自己主动站了起来，父亲才和儿子一起接着往前走。面对儿子的行为，这位父亲做到了真正的尊重，他称得上是一位教育家。

还有一次，我看到了另一对日本父子。当时，那位日本父亲正叉开两腿站立着，儿子则在父亲的两腿间钻来钻去。虽然父亲的样子看起来有点儿滑稽，但是他的脸上却显得十分庄重，似乎认为自己在和儿子一起完成一件十分重要的大事。

我敬佩这两位日本父亲，因为他们都十分智慧，对儿童采取了最合适的教育方法。很多父母都做不到像他们一样，而是会用成人的标准要求儿童，按照自己的想法把儿童塑造成老老实实的“小大人”。

在米兰的街头，我曾经遇到过一位蒙台梭利学校的学员。当时，这位学员正牵着她的孩子过马路。教堂的钟声响了起来，孩子听到钟声就停下了脚步，想听完钟声再走。但是母亲却忽视了孩子的想法，不顾孩子听到钟声后的喜悦感受和当下的要求，她只是一味地责怪孩子不应该停下来，催促他快点儿走。可见，说服成人在儿童面前保持被动的顺从态度是十分必要的，但是真正做到这一点却不太容易。

每个成人都应该抑制住自己想成为儿童的生命塑造者的冲动和虚荣，想办法了解儿童真正的需要，让儿童遵从内心需求自由地成长。让每一个独特的生命个体从事内在的自我教育是绝对必要的。

对儿童来说，新鲜的空气和温暖的阳光是自由成长必不可少的条件，大多数成年人也注意到了这一点。但是归根究底，这两样东西只对儿童的身体有益。什么对儿童的心灵有益呢？

要知道，即使儿童每天都能沐浴温暖的阳光、呼吸新鲜的空气，但如果他们的心灵是一片黑暗，这也是不行的。儿童心灵的成长十分重要，但是这一过程却缓慢而脆弱。成年人往往因为无知而做出一些不合理的行为，摧毁了儿童的内在建构工作。

只有通过仔细地观察，发现儿童的需要，我们才能给予他们恰当的帮助。

假如要拟定育儿原则，第一条原则就是，必须让儿童参与成年人的实际生活。

在儿童的成长过程中，他们可以通过模仿成人的行为举止，满足自己内在发展的需求。如果拒绝让儿童参与成年人的生活，他们就失去了可以观察的对象，就无法进行模仿，这就像失聪的人学不会说话一样。

其实，是否让儿童待在成年人的身边，和金钱无关，完全取决于成年人的情绪。**一个不会模仿成年人的行为和不会问为什么的儿童，无异于行尸走肉。有些成年人不愿意让儿童待在自己身边，觉得与儿童相处，会给自己带来不少麻烦。这些成年人受到传统偏见的影响，不接受成年人应该花费时间陪伴儿童的理念。他们野蛮地认为，儿童需要的是睡眠，让儿童多睡觉，既有益于儿童的成长，也能减少自己的麻烦。**

可是，为什么要强迫儿童睡觉呢？儿童想睡觉的时候，自然会去睡。而且儿童也没有那么长时间的睡眠需求。应该让他们多参与我们成年人的生活啊！

在北欧地区，让孩子早早地上床睡觉的做法十分普遍。有一次，一个孩子告诉我，他常常听人谈起星星很漂亮，很想去看看星星到底是什么样子。原来，这个孩子长这么大一直没有看到过星星，因为他每天一到晚上就被父母要求早早地睡觉了。

这个被要求早睡的孩子，在进行自己内在的建构工作时一定会感到非常累，因为他不得不和成人抗争，但是又由于他太弱小了，最后不得不服从成人的命令。

作为成年人或者说教育工作者，我们应该坚持的基本教育理念是绝不成为儿童发展过程中的障碍。

知道什么事该做，什么事不该做并不容易，但也不是很难。真正的困难在于，我们往往存在先入为主的错误观念和毫无益处的偏见。如果想教育好孩子，我们必须去除这些错误观念和偏见。

儿童之家的环境

科学还应该指引儿童在智慧、性格以及潜在的创造力等方面的发展，而这些都隐蔽地存在于精神胚胎之中。

Chapter 4

近年来，根据很多国家的统计数据，我们发现，在世界范围内，婴幼儿的死亡率逐年有所下降。与此同时，婴幼儿的生活条件得到了飞跃的改善，这也就是说，很多儿童身体更加健康了。

之所以出现这种良好的局面，都是科学的传播和普及带来的。很多母亲接受了现代卫生学的建议，并将这些科学方法应用在养育孩子的实践中。为此，儿童的身体更健康、更强壮，抵抗病毒和疾病侵袭的能力也更强了。这样一来，整个民族的身体素质都得到了增强。

其实，科学只是提出了一些简单的准则，如果在养育的过程中遵照这些准则，就可以保障儿童身体的各部分器官正常发挥功能，让他们生活得更健康。

科学给母亲们提出的准则包括：用母乳喂养不再使用襁褓，经常给儿童洗澡，尽量多待在户外，让儿童多运动，多给儿童穿简单朴素的衣服，保证儿童睡眠充足，保证饮食合理，适应儿童的生理需求，等等。这些准则都是对儿童的身体健康有益的。

但是现在，科学不可能完全改变人们的生活。母亲们还是循规蹈矩地照料孩子，给孩子穿衣服，让孩子们像以前那样生活。

同样一件事，如果使用不同的方法，可能得到截然不同的效果。就拿养育儿童来说，如果毫无章法，盲目而混乱地进行，就容易导致儿童生病甚至死亡；如果遵循科学的建议，有序而合理地进行，就会给儿童带来积极的影响，让他们健康地成长。

科学的不断发展容易让成年人产生一个误解，认为自己有能力为儿童做所有的事情。事实上，我们应该问问自己：难道对于成人来说，儿童只不过是一具需要精心照料的躯壳吗？难道一个儿童的命运只满足于拥有健康的身体吗？如果这两个问题的答案都是肯定的，那么儿童和我们养的动物有什么分别？或许这样的话，儿童和动物之间的区别仅仅在于，儿童吃得更好一点儿，他们甚至可以吃掉那些被饲养的动物。

人类的天性不局限于此。照顾一个儿童，所涉及的范围远远超过了生理卫生学的研究领域。身为母亲，仅仅做到为儿童洗澡、带儿童去公园玩等，并不意味着她完成了所有的义务。

母鸡会将自己的孩子聚集在一起玩耍；母猫会温柔地照顾小猫崽，用舌头舔它们的毛发。这些动物的行为，在本质上与人类母亲对儿童的照料是一致的。

但是，如果一个人类母亲对于儿童的照料仅限于此，那么她的工作就没有太大的意义，她会感觉自己内心某种较高的渴望被压抑了。这是因为，儿童只有身体成长是不够的，更重要的是精神上的成长。母亲也希望能够了解孩子的精神世界以及精神需求，帮助孩子成长为一个“全人”。

精神生活才是真正的人类生活。因此，育儿科学需要继续发展，它应该更多地关注儿童的精神生活需求，帮助孩子获得更好的成长。

同样，科学还应该指引儿童在智慧、性格以及潜在的创造力等方面的发展，而这些都隐蔽地存在于精神胚胎之中。

人类为了生存，身体需要从外界获取食物和氧气，这是生理上的伟大工程。儿童为了完成自身的成长，其精神也需要从外界汲取必需的养料。

在一个人的成长过程中，牙齿的形成，骨骼逐渐变得坚固，大脑结构不断完善，身体长高且更强壮等，都属于生理方面的成长，是身体器官内部劳动的成果，也是器官在发育期间的必要转化。这些与人类所谓的外部劳动，即在社会生产中的劳动是完全不同的。

一个人可以通过他人的帮助来避免所谓的外部劳动，但是无法避免自己内部的思想劳动。除了出生和死亡由大自然决定，内部的思想劳动都必须由人类自己完成。儿童的思想劳动，也必须由他们自己完成。

儿童每天都会进行各种工作或活动，其实就是在进行内部的思想劳动。儿童的思想劳动是为了完成“自我创造”，使自己成为一个真正的“人”。

儿童要真正地长大成“人”，不仅是要达到生理方面的成长，即肉眼可见的长高等，而且相应的运动神经系统功能和感觉神经系统功能也要变得完善，同时智力水平也应该发育到相应的程度。

运动神经系统功能和感觉神经系统功能是儿童必须具备的两种身心功能。运动神经系统功能可以帮助儿童获得平衡能力，学会走路，肢体变得协调。感觉神经系统功能可以帮助儿童感知周围的环境，学会观察、比较、分析和判断，这是智力发展的基础。

如此一来，儿童对周围的环境越来越熟悉，智力水平也不断提高。与此同时，儿童的语言能力也不断完善，不仅是发音有了进步，对词句和概念的理解、语法的掌握与运用等也越来越熟练。

我们可以设想一个情景，一个人移民了，来到一个完全陌生的国家，对于这个国家，不论是自然概貌、风土人情，还是社会制度以及语言等，他统统不了解。那么可以想象，他首先要做的事情，就是适应当地的生活。这个工作不可能交给别人帮他去做，只能靠他自己。他需要观察周围的环境，了解当地的民风民俗等，学习并掌握当地的语言和文化。

同样的道理，在成年人的社会里，儿童就是新来的“移民”，他们需要在身体的各个器官发育完全之前适应我们这个社会。可是儿童如此弱小，对于他们来说，在如此短的时间内适应如此复杂的社会，是一项多么艰巨的任务。到目前为止，我们还没有找到更好的方法，来帮助儿童完成这项艰巨的任务。

人类历史上曾经有一段婴儿死亡率高的时期。在那个时期，一个新生儿能否存活只能看天意，我们一点儿挽救的办法也没有。现在，当我们面对儿童的精神发育时，就与那个时期类似。换句话说，我们成人对于儿童的精神生命一无所知。我们不但没有办法帮助儿童的精神生命成长，甚至可能因为采取了错误的办法而对儿童造成伤害，导致儿童的精神出现问题或引发精神上的疾病。

我们应该采用科学而理性的方法来帮助儿童完成内在的思想劳动，促进他们精神的成长。这种内在的思想劳动不同于任何一种“外在的劳动或产品”。

这就是我们提出蒙台梭利儿童教育法的根本目的。当然，我在这里阐述的某些原则、教育应用方法主要针对的是3—7岁的儿童，也就是说，它是指导儿童性格形成时期的教育方法。

无论是从内容还是从目的上来看，蒙台梭利儿童教育法都是一种科学的教育方法，它不仅能够满足儿童在物质和生理方面的指导需求，还完善了现有的卫生学理论，有助于人类的发展取得更高层次的进步。

我们的儿童之家旨在给儿童提供一个自由活动的环境，这里没有固定的模式，而是根据可利用和调配的资源为儿童进行多样化的设计。

从某种意义上来说，儿童之家就是一个真正的“家”，它有房间和花园，而儿童是这里的主人。

带有遮阴处的花园是最理想的，儿童可以在花园里自由地玩耍和休息，也可以把桌子搬到树荫下，然后在上面“工作”或者吃饭。这样一来，儿童可以完全处于自然环境之中，还能免受日晒雨淋。

这里最主要的房间是可以让儿童进行脑力活动的房间，可以由儿童自由支配。主房间周围也可以增减一些小一点儿的房间，如浴室、餐厅、客厅、公共休息室、劳作间、健身房、洗手间等。

这些房间的内部装置都是从儿童的角度来设计的，而不是按照成人的需求来设计。房间里有专为儿童智力发育而配置的教具，以及一个小型家庭必需的全套装置。

房间里的家具都很轻，以便儿童能够轻松地将它们挪来挪去；家具的颜色很浅，也方便用水和肥皂进行清洗。房间里还有各种大小和形状的小桌子，其中长方形的桌子较为普遍，因为它们清洗起来最方便。椅子多为木制的，还配备了一些用柳条编制而成的小扶手椅和沙发。

房间的墙上挂着黑板，位置低低的，方便儿童写字。四周还会张贴一些精美的艺术画，或者是儿童自己画的画，如家庭、风景、植物、水果、故事内容等，既装饰了房间，还可以供人们欣赏。这些画都可以不定期地更换。

劳作间一般比教室大一些，这是因为里面不仅要摆很多小桌子和小椅子，还要留出一大块空地，让儿童可以铺上地毯，然后在地毯上面操作教具，进行“工作”。

劳作间里会摆放一些具有观赏性的植物，里面的地毯也是五颜六色的，有红色、蓝色、粉色……橱柜和衣柜是劳作间里必不可少的两件家具。橱柜是敞开着的，儿童可以将教具放在里面，是属于儿童的财产。而且橱柜要很低，方便个子小一点儿的儿童能够将自己的小毯子、花瓶之类的物品放在上面。衣柜一般带有两三排小抽屉，每个抽屉上都有小把手，并且贴了写有儿童姓名的卡片。儿童可以将自己的物品放在抽屉里。

起居室应该怎么安排呢？起居室是供儿童玩耍、聊天、做游戏或听音乐的地方，类似于客厅或者会客室。这里的陈设不但雅致，还应该切合儿童的需求和兴趣。一般我们会在起居室里摆放不同尺寸的桌子、扶手椅和沙发等，供不同年龄的儿童使用。墙壁上也会安装不同类型的托架，用来摆放雕像、艺术花瓶和相框，作为房间的装饰。

在起居室，每个儿童都会有一个属于自己的花盆，然后在里面种上一些适合室内培育的植物，这样就可以细致地观察植物是怎么生长的。

起居室的桌子上会放一些彩色的图册、琳琅满目的玩具、各种几何图形的教具，儿童可以跟这些物品玩耍或者用来制作模型等。

起居室里最好还要配置一架钢琴或是专为年幼的儿童设计的小型竖琴。

这样一来，一间完美的起居室就诞生了。如果老师在这里讲故事，很多儿童都会被吸引过来。

接下来说说餐厅。餐厅里除了餐桌，还必须有碗碟柜。要注意的是，碗碟柜不能太高，要方便儿童自己从碗碟柜里拿取碗碟、勺子、刀叉、餐巾等。碗碟一般是用陶瓷做的，杯子和水瓶是用玻璃做的。

儿童还需要一个更衣室，里面为每个儿童都准备了专属的衣柜或者搁板。

房间里会有简单的盥洗台，也就是一个自来水水槽，旁边再配一张小桌子。桌子上摆放有小脸盆、肥皂和指甲刀等。这里可以供儿童梳洗。

在儿童之家，每个儿童都必须学会自己照顾自己。他们不仅要自己打扫房间、摆放桌椅、清洗餐具等，还要自己穿衣服、脱衣服，脱下来的衣服要挂在他们能够得着的小挂钩上或者是叠起来后存放在衣柜里。

现在的玩具做得越来越精美了，种类也很多。儿童可以拥有完整的娃娃小屋，给娃娃穿的小衣服，可以假装做饭的厨房，还有非常逼真的动物玩具。通过这些玩具，儿童可以打造一个以自己为主角的生活天地。

儿童之家还有一个十分重要的装备，即人体测量仪。经过对测量仪的多次改良，它已经变得非常实用，这种仪器是用来测量儿童身高的。人体测量仪的底部是一个由长方形板做成的底座，底座的正中间竖着两个标有刻度的木杆，两个木杆的顶端由一个又扁又窄的金属片连接起来。两个木杆上分别连有一个水平的金属棒，也就是指示器，指示器可以上下移动，外面包裹着金属制的外框。在金属外框的末端，有一个小小的橡胶球。标杆的一侧有一个木制的小座椅，固定在底座上。这一侧标杆的刻度就从椅面的高度算起，可以测量儿童坐着时的身高。标杆另一侧的刻度从底座算起，最高刻度是1.5米，可以测量儿童站立时的身高。也就是说，这个人体测量仪可以同时测量两个儿童的身高，可以一边测一个儿童坐着时的身高，另一边测量另一个儿童站立时的身高。

这个人体测量仪很受儿童的喜欢，他们每天都会仔细地擦拭它，小心地爱护它。如果有人提议去量身高，一群儿童就会开心地聚集到人体测量仪前，脱掉鞋子，在标杆前站好或坐好。

儿童可以很轻松地移动人体测量仪上的指示器，而且金属外框可以稳稳地固定住指示器，使它不偏离水平方向。至于小橡胶球的作用，则是为了保护儿童，即使他们不小心碰到了金属做的指示器也不会受伤。

这个人体测量仪十分具有科学性，它的研制综合了儿童相关的人类学和生理学等方面的研究成果。

在实施蒙台梭利教育法的过程中，我们会定期用人体测量仪给儿童进行测量，记录他们在不同阶段的数据，以便于观察他们的成长发育过程。对此，我在另一部著作里讲解得更为详尽。用人体测量仪测量儿童身高的情况也被拍成了电影。在电影中，我们能看到儿童一个接一个地到测量仪边上站好或者坐好，来测量身高。

儿童之家的教具

无论是儿童的身体发育还是精神发育，都应该遵循自然规律和人的本性，对儿童进行的教育也应如此。

Chapter 5

我的看法是：**无论是儿童的身体发育还是精神发育，都应该遵循自然规律和人的本性，对儿童进行的教育也应如此**。

在儿童之家，我们的教育大致分为三部分：

1. 培养运动神经；

2. 培养感知能力；

3. 培养语言和算术能力。

儿童运动神经的培养有一个前提，那就是儿童具有自理能力，能适应并应对周围的环境。培养儿童的感知能力和语言、算数能力，则需要借助于教具。

在培养运动神经的过程中需要用到以下教具。

1. 具有清洁、盥洗、用餐等功能的生活用具，以及其他可以锻炼儿童生活技能的工具。

2. 可供儿童进行体操训练的体育器械，如滑梯、绳梯等。

3. 可供儿童饲养的各种动植物，以及必要的劳动工具，如锄头、铲子等。

4. 用各种布或革以及配件（如纽扣、拉链、带子、挂钩等）等制成的四方框，可以帮助儿童学习系带子或扣纽扣等穿衣方法，锻炼手部精细动作的技巧。

5.可供儿童制作泥塑、陶艺的材料。

在培养儿童感知能力的过程中主要用到以下教具。

1.三套圆柱体插件，每一套插件包括一块带插孔的长方体木板和10个不同大小的圆柱体。

2.三套立体图形的木块，这些木块的尺寸是精心设计的。

（1）10个粉红色正方体木块（即粉红塔），边长从10厘米到1厘米依次递减。

（2）10个棕色四方棱柱体木块（即棕色梯），这些棱柱的长度都是20厘米，横截面积逐渐减小，即侧边边长从10厘米到1厘米依次递减。

（3）10根细长的木棒（即蒙氏长棒），木棒的长度从10厘米至1米依次递增。

3.各种各样的几何立体图形，如棱锥体、球体、圆柱体、锥体等。

4.粗糙表面和光滑表面的长方形小板。

5.各种材质的布料。

6.不同重量的长方体木块和正方体木块若干。

7.两套一模一样的颜色板，每套64块，分为8种不同的颜色，每种颜色有8种不同的深度。

8.装有各种不同形状的木块（如三角形、长方形等）的小柜子。

9.三套不同形状的卡片，可以是由纸片剪成的或者是将图形画在纸上。

10.一套圆柱体密封式盒子（音响教具）。

11.两套音乐钟，一个画有五线谱的木板，还有用于标示音符的小圆片。

12.铃铛、鼓等乐器。

在培养儿童的书写和算术能力的过程中主要用到以下教具。

1.两个有坡度的桌子，各种各样的金属插片（上面是各种简单图形的轮廓）。

2.一套粘贴有砂面字母的卡片。

3.字母卡片或单词卡片。

4.一套粘有砂面数字的卡片（如1、2、3等）。

5.一套写有光面数字的大卡片，用来学习10以上的计数。

6.两盒用于计数的小木棒。

7.适合教学的图画书和彩色铅笔等。

给儿童完全的自由

“自由”是儿童展示自己真实的个性，发展自己的智能与精神非常重要的基础。

Chapter 6

要想儿童取得一定的成就，老师的参与十分重要。在儿童的成长过程中，老师是引导者。

但要注意的是，不能让儿童产生老师无所不能、无处不在的错觉。也就是说，老师应随时给孩子提供他们需要的帮助，但老师不能成为孩子进行实践活动的障碍。

如果老师在教育孩子时，使用的教学语言十分枯燥乏味，儿童的求知热情和兴趣就会大打折扣。要想正确引导儿童，就要保持他们的求知热情和兴趣。

达到这个要求其实并不难，只需要老师尊重儿童，在儿童面前保持冷静和耐心，并给予儿童自由，不过多地干涉他们就可以了。当老师能够做到这些时，就会发现，儿童其实很主动，具有一种努力向外扩张自己个性的能力，他们会主动地选择自己要做的事情，坚持做下去，并且可以根据自己的内在需求进行调整。

儿童是很努力的，他们满怀信心和喜悦地探索这个世界，希望凭着自己的能力战胜一切困难，当他们取得了一些成绩之后，也会热情地与人分享。

成年人不应该干涉儿童。对于教育者而言，将“静观其变”奉为座右铭是最正确不过的了。我们应该学会等待，等待儿童向我们分享他们的快乐以及经历的困难。在他们需要的时候，我们就及时地给予必要的回应。如果儿童进步缓慢，我们不能急躁，要保持耐心；如果儿童获得了成功，我们也要报以发自内心的热情和兴奋。

如果我们能够做到以谦卑、和善的态度面对儿童，平等地相待，就算掌握了教育的基本原则。

除了不干预、静观其变，在教育儿童时还有一个很重要的原则，那就是要细致地观察儿童的一言一行以及活动的状态。观察的目的在于了解和掌握儿童的发展状态，以便在合适的时机对儿童进行正确的帮助和引导。那么具体说来，老师需要观察些什么呢?

说得简单一点儿，儿童的每一个行为以及每一个表情，老师都要看在眼里并进行深入的思考，这些行为和表情揭示了儿童发展的什么需求和特点。以此为基础，老师再给予儿童正确的帮助和引导。

举个例子，老师可以观察儿童的哪些行为会冒犯别人，哪些行为会对自己或周围的环境造成伤害，当看到这样的行为出现时，老师就要及时地进行干预；老师还可以观察儿童的表情、动作，思考他们需要什么教具或想要发展什么能力，然后及时地帮助儿童完成。

下面这些儿童的行为和表情，就是老师需要观察的。

· 观察儿童的行为是否有秩序。

· 观察儿童是怎样对待周围的环境或物品以及同伴的，有没有冲撞他人或者破坏环境及物品。

· 观察儿童喜欢哪些教具、物品和人，以及他们是如何表达自己的喜欢的。

· 观察儿童什么时候会发生无秩序的行为，以及这种无秩序的行为如何转化成有秩序的行为，留意儿童在行为转化过程中的变化。

· 观察儿童从什么时候开始会将注意力集中于某项工作，留意他们专注于这个工作时间的长短。

· 观察儿童是否会重复做一项工作，以及他们在重复过程中的表情和行为的变化等。

· 观察儿童在一天中会选择哪些工作，并且分别坚持了多久。

· 观察儿童有了新的发现或进步后会有什么样的表现。

· 观察儿童对于外界干扰的应对态度，留意他们是否专注于眼前的工作或者工作被打断后是否能重新投入。

· 观察儿童会不会自觉地用功以及持续时间的长短。

· 观察儿童是如何应对老师或其他人的召唤的。

· 观察儿童怎样加入其他孩子的活动，他们会采用什么方式与他人合作。

· 观察儿童什么时候会表现出顺从，以及是怎么表现的。

……

总之，老师应该像一名忘我地观察自然的自然科学家一样，怀着对生命的敬畏心和强烈的好奇心观察儿童，留意他们的一举一动，并努力揭示这些举动背后的意义。

蒙台梭利教育体系的基础是“自由”，这是无法动摇的。而且**“自由”也是儿童展示自己真实的个性、发展自己的智能与精神非常重要的基础**。

可是到目前为止，很多教育者常常会从身体和精神上束缚和压制儿童，剥夺他们的自由。如此一来，儿童就无法自由地发展和塑造自己，这有多悲哀啊。

有一些观念和习惯做法是很多人熟悉并且深信不疑的，它们被视为生活无法缺少的准则。

例如，为了避免长大后的腿不直，婴儿的身体应该用襁褓包裹起来；为了避免耳朵长成招风耳，婴儿应该一直戴着帽子；为了避免长大后的后脑勺太突出，我们要注意婴儿躺着时的姿势；为了避免出现塌鼻子，我们要经常捏一捏婴儿的鼻子。

婴儿出生后还没几个月，妈妈们就开始每天花好几小时“教宝宝学走路”，可事实上婴儿在这个阶段不可能协调身体各部位的动作，因为此时他们的神经系统还没有发育完全。只见妈妈们用双手托住婴儿的腋下，让他们的两只小脚丫在空气中来回晃动。妈妈们自欺欺人地以为，此刻自己的孩子是在学习走路。事实上，这样做确实会促进婴儿脚弓的形成，而且他们双脚的摆动幅度也会越来越大。当看到婴儿的这些进步时，妈妈们会觉得自己教导有方。

接下来，妈妈们会将一根长带子的两头从婴儿的腋下缠绕绑在肩膀上，然后提起带子，帮助婴儿站立起来，牵引着他们在地上走路……

现在，很多国家已经抛弃了以上这些观念和做法，但是还有一些国家，这些错误的观念和做法被那里的人们沿用至今。

科学做不到让儿童的鼻梁长得更直，做不到避免让儿童的耳朵成为招风耳，也做不到在婴儿刚出生后就教会他们走路，这一切都是由自然法则决定的。

人的头、鼻子和耳朵长成什么样子是天生的，腿也自然会长直，儿童会随着年龄的增长学会走路，这些都不需要人为地干预。

“请帮助我，让我自己去做。”这是婴儿的一种内在的精神需求。作为教育者，应该在一旁冷静地观望，尊重儿童的天性，任其自由发展并获得成长的经验。儿童在成长的过程中越自由，他们的身体就越协调，发育得就越迅速，身体的各项机能也越健全。

总而言之，我们不能采取拔苗助长的做法，也不能束缚住儿童的身体，而是应该摒弃包裹婴儿的襁褓，使他们获得最大程度的自由和放松，身体和精神都能完全舒展开来。

现在已经有很多父母抛弃了旧的、错误的观念和做法，他们不再用襁褓包裹住婴儿，不再用牵引带提着婴儿学走路。如此一来，儿童的腿更直了，行走的能力也发展得更早、更好了。

让我们自信而放松地说："让儿童自由地成长吧，这样他们就会变得既健康又美丽。成年人只需要在一旁静静欣赏大自然在儿童身上创造的奇迹。"

对于儿童的精神成长也是如此。

一个人除了身体方面的成长，性格、智力、情感等方面也会不断成长。成年人无法塑造儿童的身体，也无法塑造儿童的精神。不论儿童的身体还是精神，都是大自然掌控的。

我们认同了这一点，那就要承认"不能为儿童的自然成长设置障碍"这个教育原则。意思是说，我们不能以成人的想法来塑造儿童的性格、智力和情感等，而是要给予儿童自由，让其自然发展。

当一个儿童专注于某件事情的时候，我们不能粗暴地打断他，因为他正在通过活动发展自己的精神。

成人之中可能有这样一类人，虽然他们不够成熟、稳重，但是在精神的自我创造方面却堪称天才。比如，能够写出给人以鼓舞的优美诗歌的作家或者极具创造力、能够画出绝世杰作的艺术家。

试想一下，当这位作家或艺术家正在创作的时候，一个人突然过来大喊大叫或者强拉着作家或艺术家去做别的事情，那么作家或艺术家的创作灵感就被打断了。对于作家或艺术家来说，这个人的做法是多残酷啊。而且这个人的做法不但残酷，而且愚蠢。由于他的粗暴行为，人类很可能就此失去了一篇伟大的诗作或者一幅绝世的名画。

我们再把话题说回儿童身上。虽然成年人的干预不会让儿童失去伟大的诗作或绝世的名画，但是会让他们失去自我。儿童的“杰作”是他们自己最终成为一个全新的“人”，成为一个更有创造力的天才。

一旦儿童在进行创造性工作时被打断了，他们就会有一些任性的表现，这些表现正是他们对于工作被打断而发出的抗议。

即使是成年人，也不希望在工作时被别人打扰，而是希望在自己遇到困难时能够获得帮助。每一个成年人都希望与朋友和谐共处，彼此互相尊重。

其实不只是成年人需要被尊重，儿童更需要被尊重。儿童很天真，拥有无限的潜能，可是现实的情况是，很多成年人并不尊重儿童。这样就造成了一种局面：我们总是希望儿童按照我们的要求做事，却完全不考虑儿童自己的需求；我们态度专横，会粗暴地打断儿童的活动；我们希望儿童对我们完全顺从，不要给我们惹麻烦……

在成年人的眼里，儿童是否遵从我们成年人的意志十分重要，因为成年人希望得到儿童的忠诚和崇拜。

儿童会模仿成年人的行为模式，因此，如果想获得儿童友善的态度，那么成年人也应该友善地对待孩子。

什么是友善呢？了解儿童的意愿并顺从他们，必要的时候可以牺牲自己的意愿以满足他们的需求。这就是我们应该展示给儿童的友善精神。

对于年纪尚小的儿童来说，他们往往意识不到自己的需求。因此，我们成年人应该用科学的方法对儿童进行研究，从而清楚地了解他们的需求。对于儿童来说，他们的需求是从神秘的自然法则中挣脱出来的，是一种生命内在的呐喊，可惜我们对此却不够了解。

对于每一个来到世界上的小生命，我们都需要为他们提供必要的成长环境，然后谦卑地等待他们自由地成长。换句话说，**成年人的使命就是让新生命在所能获得的最自由的环境中成长，并且观察他们的成长过程**。

不过，所谓的给儿童自由，并非一味地放任自流，对儿童的任何行为包括不恰当的行为都不加干涉，这是不负责任的做法。

在蒙台梭利教育体系中有很重要的一点，就是“自由不是做任何自己想做的事，而是做正确的事”。老师要知道给儿童什么样的自由。也就是说，老师要能够分辨儿童的哪些行为应该观察，哪些行为应该制止。我们不是允许儿童做“任何自己想做的事情”，而是允许他们自由地选择去做那些有益的事情或工作。

当儿童自由地做自己的事情时，要确保不侵犯集体的利益。这也就是我们所说的“教养”，不能因为追求自己的自由而损害他人的利益。因此，我们要观察儿童，看看他们是否会冲撞他人、激怒他人，有没有做出一些粗鲁的、不礼貌的行为，有没有破坏环境或者破坏物品，等等。

除此之外，儿童的其他行为，老师都应该是允许的。与此同时，老师不能忘记对儿童进行细致的观察。

只有经过了相应的训练和教育实践，老师才能逐渐区分儿童的哪些行为应该制止，哪些行为应该观察，才能更好地对儿童实施自由的教育。

我们来看下面几个例子。

有一次，一个小女孩召集了一群小伙伴们围在一起。然后，这个小女孩站在小伙伴们中间，一边讲话，一边做出各种各样手势。

一名老师看到后就立刻跑了过去。老师跑到小女孩的跟前，抓住她的手臂，让她没有办法动弹。

事实上，我经过观察后发现，这个小女孩是和小伙伴们玩角色扮演的游戏，她扮成了教师或母亲的角色，教小伙伴们祈祷。

还有一个男孩，他很调皮，经常无视组织和纪律。有一天，这个孩子正在非常小心地搬动一张桌子，被老师看见了。由于这个孩子搬动桌子时弄出了很大的噪声，老师要求他停下来，站在那里别动。原本这个男孩搬桌子是为了好好表现一番，他的这种行为本应该得到尊重。从那之后，这个男孩不管是搬动物品还是在自己桌子上摆放东西，都轻手轻脚的，和其他孩子一样。

在儿童之家，还会经常发生这样的事情：当老师准备把用过的教具放回盒子或橱柜里时，有的儿童就会跑上前来，想模仿老师的行为将教具放回原位。对于儿童的这种做法，老师的第一反应是阻止，她会劝说道："别动别动，回到你的位置上去。"

其实，儿童之所以会这样做，是因为想发挥自己的作用，实现成为有用的人的想法。对老师来说，这个时候正是教会儿童将物品摆放有序的大好机会。

因此，以上这些老师的做法都是在不适宜地干预儿童，都不正确。

时间一长，有的老师会逐渐厌烦我提出的这种观察法和自由原则，他们甚至开始允许儿童肆意妄为。

我曾经看到，当有的儿童把自己的脚放到别人的桌子上，或者有的儿童去抢夺别人手中的教具时，老师没有及时地制止。还有的儿童会冲撞其他伙伴，这种暴力行为也没有引起老师的注意。

于是，我不得不给老师指出来，儿童哪些行为应该马上禁止，哪些行为应该逐渐制止。老师只有这样做，儿童才能逐渐学会分辨什么是好的行为，什么是坏的行为。

儿童刚进入儿童之家，往往是老师最难开展教育的时候。要让儿童遵守纪律，首先得让他们学会辨别好坏。老师的职责就是观察儿童是否混淆了好行为与坏行为。

随着时间的推移，儿童逐渐知道了哪些行为是被禁止的，哪些行为是被允许的，他们就能分清好与坏的概念，进而不再做出不好的行为。慢慢地，儿童逐渐学会反省自己的行为，生活会越来越协调、完美。

蒙台梭利
教育法的原则

内在秩序建立之后，儿童的自我发展就会进入一个新的阶段。在这个阶段，他们会完全独立地工作，进行自我完善和发展。

Chapter 7

在儿童之家，我们坚持自由教育的原则。儿童在这里得以表现出他们真实的本性以及真实的内心活动。由此，我也更清楚地认识到儿童心理发展的真相。

儿童的行为表明，他们的内心感受与内心活动的本能发展是密切相关的。老师和儿童之间并没有什么直接联系，因为儿童的某些内心感受通常不是由老师的指导而引发的。

老师指导儿童，是为了引起儿童特殊的心理反应，也就是“唤醒”。当儿童被唤醒之后，他们会借由自己的内在精神力量去自我发展和创造。

儿童在被唤醒之前，不具备进行有秩序的自我创造活动的能力。换句话说，儿童并不是一开始就能够进行有秩序的活动的。

儿童的内心走向成熟的首要标志就是遵守纪律，不管是他们的外在行为，还是内心活动，都会变得有秩序。

在幼儿刚进入学校的时候，班级里秩序混乱是很正常的。如果老师在这个时候进行教育实验，就会发现这个过程并不顺利。

一开始，幼儿对教具并不会产生什么反应，反而会做出各种不文明的行为。老师也焦头烂额，因为他们无法轻松地让幼儿将注意力转移到自己身上。

家庭经济条件不同的幼儿，也会有不同的表现：一般来说，贫困家庭的幼儿可能会很容易被教具吸引；富裕家庭的幼儿则往往很难被教具吸引，因为他们已经玩过很多玩具了。如此一来，教室里自然就会出现十分混乱的状况。

在某一个儿童之家，有一位名叫乔治的女老师，她是这样形象地描述班里的混乱局面的：

“一开始，幼儿们会互相抢夺教具。如果我向其中一个幼儿演示某个教具，此时其他的孩子会扔掉自己手里的教具跑过来，将我围住。

“当我介绍完教具的使用方法之后，几乎所有的孩子就会吵作一团，争着想要我手里的这个教具。

“事实上，这些孩子的注意力根本不在于这些教具，他们常常玩一个丢一个。

“在这个阶段，幼儿们毫无纪律且漫无目的，他们会在房间里到处乱跑，也不会保护周围的事物，他们会被桌子绊倒，把椅子弄翻，踩到地上的物品，或者随便抓起什么东西就扔了出去……”

还有一位名叫德弗雷斯的女老师，也向我描述了类似的混乱状况：

“我不得不承认，在刚开学的一个月里，我完全没有经验处理这种混乱的场面。我没有办法让这些孩子安静下来，哪怕只是安静一小会儿，这让我有些心灰意冷。

“幼儿们往往没有耐心，做事也缺少积极性。他们经常像小羊羔一样追逐打闹，如果其中有一个孩子拿了什么东西，其他的孩子就跟着有样学样，还会蜂拥着去抢这个东西。孩子们还会在地上打滚，或者爬到桌子上……”

在罗马的一所为富裕家庭儿童开办的儿童之家里，老师也遇到了同样的问题。那里的老师告诉我：“最让我感到头疼的是班里的孩子不遵守纪律。那些孩子似乎一点儿也不喜欢我们的课程，甚至可以说是讨厌我们的课程。”

其实，虽然幼儿刚进入学校时会表现得毫无纪律性，但是有经验的老师都知道，当这些幼儿内心的某一部分被唤醒时，行为就会变得有秩序，属于他们的自由才会真正开始。

在儿童之家，每一个新进入的儿童只要待上一段时间之后，就会开始对某些教具表现出浓厚的兴趣。当然有时候让儿童产生兴趣的不一定是老师展示的教具，还有可能是其他吸引了他们的注意力的东西，例如窗户旁边的某种植物。在这里我要强调的并不是教具的作用，而是想说，这种现象表明儿童的心灵被外界的刺激物触动了，从而做出了相应的反应。

如果我们提供的教具能够让儿童产生兴趣，那么他们的注意力就会被持续地吸引，并且会很自然地利用这些可以促进心理发展的教具去进行相应的活动。紧接着，他们还会更主动、更深入地进行一系列的相关活动。

在这些活动中，儿童会或多或少地取得一些进步。这些进步可能不是在一个漫长的过程中缓慢获取的，也不是因为某个标准而系统的外部行为所触发的，而是可能突然地表现出来的，这种出人意料的爆发式进步的出现被我们视为儿童成长中的关键时刻。

拿生活中的例子来说，幼儿学说话时，刚开始只是无意识地发出某种“咿咿呀呀”的声音，突然有一天他会有意识地说出一个清晰的字；幼儿学走路时，一开始只是歪歪扭扭地胡乱地迈着双腿，可是在某个意想不到的时刻他会有意识地迈出人生的第一步。也就是说，当儿童说出了第一个字时，那么他就一定能学会说话；当儿童迈出了第一步之后，他也就一定能学会走路。

当儿童的内在秩序建立之后，一系列类似的秩序也会随之出现。第一次建立内在秩序是儿童有秩序的精神生命发展的开端。从那之后，儿童的纪律观念就会逐渐形成，心智也会逐渐完善。

通过一些老师的描述，我们可以看出儿童在建立内在秩序的过程中发生的让人欣喜的变化。尽管刚开学时，班级的秩序会十分混乱，但是过一些天之后，那些没有秩序的孩子群体会逐渐形成稳定的秩序，开始遵守纪律。

原先被这些孩子视为无趣的教具，会慢慢吸引住他们的目光。他们似乎从中找到了乐趣，而且这种乐趣会促使他们使用教具学习或者进行其他活动。

这些儿童开始变得独立，班级里常常会出现这样的情况：有的儿童非常喜欢的教具，另外的儿童却完全没有兴趣，而且他们对不同的教具也会表现出完全不同的态度……

当发现儿童的兴趣可以被教具唤醒时，说明我们的教育实验成功了。的确，儿童的这种热情或兴趣会突然出现，这十分令人惊讶。

我可以举一个例子。有一个幼儿，起初他很难集中注意力，可是当他突然对某个教具产生兴趣之后，他会整整一个星期都不停地摆弄这个教具。通过这个教具，这个幼儿学会了数数和简单的减法。后来，这个幼儿的注意力又转移到了圆柱体插件和其他简单的教具上，并且他对这些教具的方方面面都产生了十分浓厚的兴趣。

以上种种现象表明，虽然在此前很长的一段时间里，儿童都没有表现出心理本能，但是一旦他们对教具产生了浓厚且持续的兴趣，他们的心理本能就会出现质的飞跃。很多人的教育实验也证实了这个结论。

德弗雷斯小姐就曾提到一个4岁的小女孩。一开始，这个小女孩不会端着水走路，即使只装了半杯水，她端着杯子走路也会将杯子里的水洒出来。这个小女孩几乎从来不去端水，因为她知道自己没有办法做好这件事。

有一天，这个小女孩突然对某件教具产生了兴趣，而且专心致志地操作了很长时间。从那之后，这个小女孩就再也不怕端着水杯了，她可以端着盛满水的杯子稳稳地走来走去，一点儿水都不会从杯子里洒出来。当其他孩子在画水彩画时，小女孩甚至会满心喜悦地去帮他们端水。

由此可见，如果儿童开始对某项工作产生兴趣，那么他们就会开始自我发展。儿童的这种表现，被一些心理学家称为与智力发展相吻合的“情感共鸣”。

当儿童有了这些表现之后，就说明他们形成了真正的纪律，养成了“尊重他人的工作和权利”的优秀品质，这种品质是我们的社会一直提倡和需要的。

儿童不会再出现抢夺别人正在使用的物品的行为，即使他很想玩，也会耐心地等待，等到别人不用这个物品了，他再去拿过来玩。而且在等待的过程中，他学会了专注地观察别人是如何摆弄那个物品的。

内在秩序建立之后，儿童的自我发展就会进入一个新的阶段。在这个阶段，他们会完全独立地工作，进行自我完善和发展。

儿童独立地工作并不会使他们与群体产生分裂，以至于形成道德上的孤立，反而会让他们团结起来。儿童之间会营造出一种互相尊重、彼此爱护的氛围，在这种情况下，集体纪律或集体秩序就产生了。

对此，德弗雷斯小姐是这样说的：“等到圣诞节过后，新学期开始了。我发现班级里发生了很大的变化，孩子们变得遵守纪律了，尽管这些纪律并不是我制定的。”

专注于自己的工作或活动，是儿童开始自我教育的第一个阶段。

在这个阶段，儿童会主动地走到橱柜前，挑选那些在上一学期还感到厌烦的教具，并开始摆弄它们，例如一些几何插件或者是带有刻度的积木等。

一些年龄稍小一点儿的儿童，对用于练习穿衣动作的四方框产生了兴趣。他们对这些教具表现出了强烈的好奇心，会一遍又一遍地操作它们。

整个教室仿佛变成一个工厂，一切都井然有序。每个儿童待在自己的“工位”上，专注地操作自己选择的教具，动作看上去精确而有章法。他们不但战胜了困难，也得到了精神上的满足。

对工作精益求精的态度，会对儿童的个性发展产生极大的影响，这说明他们可以控制自己的行为，并且有些儿童的不良行为也消失了。

德弗雷斯小姐还提到了一个4岁半的小男孩。一开始，这个小男孩的情绪很不稳定，他很容易激动，还会在课堂上捣乱，他的大脑似乎也很混乱，没有办法专注于眼前的工作，也做不好扣扣子这样的精确动作……

但是好像在某一个瞬间，奇迹出现了——这个小男孩变了，他开始能够将注意力集中在自己进行的活动中，会按顺序挑选教具并用心地使用它们。渐渐地，小男孩的情绪稳定下来了。

还有一个5岁左右的小男孩，他比别的儿童晚一点进入儿童之家，之前成长在一个完全不同的环境里。刚来的时候，这个小男孩表现得十分调皮、好动，爱惹麻烦。

起初，儿童之家的老师是这样评价这个小男孩的："他刚进来的那几天给我们带来了不少麻烦。他很好动，没有办法安静下来。他似乎认为无论什么活动都是'游戏'，在教室里跑来跑去，给别的儿童也带来不好的影响。

"过了一段时间，这个小男孩突然对绘画产生兴趣了。一般来说，在别的儿童练习绘画之前，我们会先对他们进行感官练习。但是这个小男孩不一样，我们给了他完全的自由，让他可以随意去画自己想画的东西。这实属无奈之举，因为我们没有办法让他去坚持做其他的事情。

"没想到，这个小男孩第一次绘画时就被吸引住了。原本喜欢调皮捣蛋、无法专注于任何教具的他，突然建立了内在的秩序。

"我们无法知道小男孩身上的这种变化是从什么时候开始出现的，但我们知道的是他的内在秩序得到了保持和完善，并且达到了更高的层次。

"当这个小男孩对绘画产生兴趣之后，他又对分辨长度的圆柱体产生了兴趣，接着是平面几何插件，甚至对老师一开始给他演示的感官教具也产生了兴趣。

"与别的年龄稍小的儿童相反的是，这个小男孩会先选出最难的那些教具进行操作，从难到易，最后选择最基础、最简单的教具。”

儿童之家里还有一个3岁的小男孩。最初，他在很长一段时间里也表现得毫无秩序。正当老师因为他的无序行为而感到绝望时，这个3岁的小男孩突然对立体插件和一个木架子表现出了浓厚的兴趣。此后，他开始专注于自己的工作，不再捣乱，也不再影响其他的儿童。

一旦儿童开始对某项工作产生了强烈的兴趣，内在秩序就形成了，他们就会安静下来。之后，这些儿童就会遵守纪律，行为变得有序，他们会持续而专注地进行自己的工作。当拥有专注的能力之后，儿童的智力水平也能获得提升，进而能够形成各种优秀的品质。

可以想见的是，在传统旧式教育制度之下，儿童并没有被当作真正的人。他们被迫在生命的头几年里就去适应成人的社会，这种教育方式完全压制了儿童的天性。

在旧式教育制度下，儿童在长大成人之前都没有得到成年人真正的重视，他只是被看作一个“未来的人”，而不是“现在的人”。

因此，我在这里需要强调，儿童也具有独立的人格，这一点和成人是一样的。我们不能将儿童神奇而富有尊严的创造力扼制在生命的萌芽阶段，而是应该细心地呵护他们纯真而敏感的幼小心灵。

如果一个成人在生活中只有面包，那么是活不下去的，儿童更是如此。如果我们只注重保护儿童柔弱的身体，只是满足他食物和衣服等物质上的需求，他也是无法继续生存下去的。

对于儿童来说，物质并不是最不重要的，相反会为他们的生存带来威胁。一味地满足物质需求，不仅可能将成人拉入堕落的深渊，也可能让儿童产生被奴役的感觉，甚至因此而感到自卑。

成人创造的社会环境并不适合儿童，儿童在成人社会中是被隔离在外的。正是因为儿童不知道怎么适应这个把自己隔离在外的社会环境，成人将儿童送进了学校。殊不知，学校其实是儿童的“牢狱”。

到这里，我们应清醒地认识到，那些坚持传统旧式教育制度的学校是不适合儿童的，会对他们的成长造成不利的影响。如果儿童身处那些学校，不仅身体会遭受损害，心理也会饱受折磨。

然而到目前为止，这些学校还存在最严重的问题，那就是忽视了对儿童的性格教育。不仅是学校，家庭也存在同样的问题。

一想到儿童，人们首先考虑的是他们的未来，很少有人为儿童的当下做打算。事实上，当前一个儿童要想在社会上生存下去，需要很多很多的支持和帮助。

在很多家庭里，判断一个儿童是否健康成长，有且只有一个标准，那就是儿童的生理需求是否得到了满足。父母往往只关心自己的孩子吃得好不好、穿得暖不暖，身体是不是时刻保持了干净，呼吸的空气是不是新鲜的。

儿童的精神需求和精神发展往往被忽略了。可是，只有精神

上的需求和发展才能最根本地体现出人性的特质。

在目前的生存环境下，儿童的真实人格被掩盖了。为了维护自己的人格或自我，他们会做出一些反抗行为，例如哭喊、撒谎、以自我为中心、毁坏物品等。

如果我们误以为儿童的这些自卫行为代表了他们真实的性格，那就大错特错了。而且一旦陷入这个误区中，我们就会秉持“负责任”的态度，采取一些非常严格的手段去改掉儿童身上的这些“坏毛病”。

其实，儿童之所以会做出一些反抗的行为，通常是因为精神需求没有得到满足或者是精神发展失衡了，由此带来的后遗症甚至会影响儿童的一生。

我们大家都知道，童年时期对于一个人来说是十分重要的。如果一个人在童年时期缺乏精神教育或者精神发展不健全，此后的人生都会受到不利的影响，甚至可能致命，其严重程度不亚于身体的挨饿受冻。可以说，在人类发展的过程中，婴幼儿教育是最关键的一环。正因为如此，我们身为教育者，肩负着十分重大的责任。我们要更细致、谨慎地了解那些可能会对儿童的精神发展造成不利影响的因素，并且要想尽办法融入儿童的世界。

成人为儿童设定了无数条条框框，因而儿童很容易犯错。而且一直以来，如果儿童犯了错，成人就会毫不留情地批评、斥责。从现在开始，我们要改变这种态度。成人要在儿童面前扮演一个比以前更温和的角色。美国文豪爱默生曾经说过：“儿童是永远的救世主，为了吸引堕落的人重返天堂，他们会一再来到人类的身边。”

如果我们能够对这一点有清醒的认识，明白对于儿童的精神教育的重要性，那么我们就能够为人类社会的发展做出更多的贡献。

任何一个儿童，当他身处复杂的成人世界里时，是没有办法过着平常而随意的生活的。成人会监视儿童的一举一动，会按照自己的要求命令和教育儿童，这样一来，儿童的自我发展就会受到严重的干扰和阻碍。

当儿童处于这种境地时，他刚刚萌芽的精神生命就会被扼杀。儿童的内心就会只有一个念头：“快点摆脱这些成人吧！只有和成人毫无瓜葛，我才能获得自由！”

形象一点解释，**我们不能在儿童的生活中扮演看守员的角色，而是应该尽力为他们创造一个宽松的、没有任何压制和束缚的环境**。

当然，要营造这样自由的环境，对于我们教育者也会有所要求。也就是说，身为教育者，不能随意地干扰、限制、制止儿童的行为和活动，这样才符合他们的发展需要。

给儿童自由，这是儿童教育的基本原则，我们要牢记。不过，这并不表示我们应该对儿童放任自流，无论他们做出什么行为我们都不管不问。

当我们看到儿童遇到困难时，不能只是被动地、冷淡地关怀，而要细心地、充满爱心地帮助他们，为他们创造合适的成长环境，促进他们的自我发展。

为儿童准备适宜的成长环境是很重要的。儿童需要的环境不同于成人的世界，在这个环境里，我们应该放置一些适合儿童的家具和物品。当我们这样做了之后，儿童的行为和活动可能出现意想不到的变化：他们几乎做的每件事都能符合我们的期望；他们能够和谐地相处，也不会发生什么意外。之所以会有这样的转变，是因为此时儿童知道自己应该做什么，不应该做什么。

儿童都是好动的，对于他们来说，想活动的愿望要比想吃东西的愿望强烈得多。一般的环境缺少适合儿童活动的空间，导致他们旺盛的精力无处释放，只好凭直觉去做一些消耗精力和体力的事情。

可是当儿童处于真正适合他们的环境中时，我们就会发现，一个个“小麻烦精”会慢慢地活跃起来。原来爱捣蛋、搞点儿小破坏的儿童，可能会变得爱惜身边的物品；原本爱吵吵闹闹、到处乱跑的儿童，则可能会安静下来，也愿意遵守秩序。

我们对于那些可以促进儿童智力发展的教学材料十分熟悉。那什么材料可以促进儿童的精神发展呢？

例如，商场里会有一些设计优美、颜色淡雅的小家具。这些家具不但轻巧，方便儿童搬动，而且也很安全，即使儿童撞到它们也不太容易受伤。由于这些家具的颜色大都比较浅，如果被弄脏了就很容易看出来，这是在提醒儿童——该打扫卫生啦。考虑到这一点，这些家具一般也是用容易清洗的材质制成的，方便儿童学习如何用水和清洁剂清洗家具。

再加上这些家具比较轻巧，任何粗暴的动作都容易让它们发出巨大的声响，因此儿童在搬动它们的时候必须十分注意自己的动作。

还有一些玻璃制品或陶瓷制品，也对儿童具有教育的意义。因为这些东西很脆弱，一旦掉到地上就可能摔坏了，无法再使用了，这样可能会使儿童感到难过，触动他们的心灵。以后他们再拿到类似的物品时就会非常小心了。

有时候，**如果儿童犯了错，例如打碎花瓶或者损坏了家具，父母或老师不要立即干涉，而是在一旁静静地观察，那么儿童很有可能自己从错误中吸取教训并改正**。慢慢地，在儿童眼里，周围的环境或者物品似乎在与他们交流，告诉他们："你好！我是茶几，我身上的油漆是刚刚才涂好的，你要小心哦，注意别蹭到油漆或者把我弄脏哦。"

从这个层面来说，提供给儿童的各种物品是能够吸引他们的，例如颜色鲜艳的抹布、色彩各异的刷子或者形状不同的肥皂等。那些能够吸引儿童的物品，儿童也能学会如何使用它们。这样的话，儿童自然就能知道，抹布是用来擦桌子的，刷子是用来刷衣服的，肥皂是用来洗手的。

如果我们在房间的各个角落都放着各种可以吸引儿童的物品，那么老师就再也不用整天教导或命令他们说："卡尔，把你的衣服刷一刷。”“约翰，去洗洗手。”

一个自己系鞋带、自己穿脱衣服的儿童就会出现在我们的面前，他充满了喜悦和成就感。自己的事情自己做，这让他感受到了人性的尊严。

儿童工作时会感到很快乐，这也使得他们对于每件事都充满了热情。例如，他们会花很长的时间去擦门把手，直到把门把手擦得如镜子一样光亮。即使是一件很简单的工作，如掸灰尘或扫地，他们也会非常小心且认真地完成。

很明显，促使儿童如此努力的不是完成工作这个结果，而是工作本身能让他们释放自己内心隐藏的精力。一个儿童愿意花多少时间专注地去做一件事，取决于他还有多少精力。

儿童并不是天生就喜欢重复地做同一件事，只是在重复的过程中，他们熟能生巧，从而学会了很多事情。我曾经看到过一群小孩子，他们可以自己穿脱衣服、自己系鞋带、自己打蝴蝶结、自己摆放碗筷，还可以帮别人清洗杯子和碗碟等。

儿童的精力都很旺盛，他们不仅可以学会很多应该自己做的事情，还有富余的精力去帮助别人。

我还曾经看到，一个儿童帮助另一个年纪比他稍小一点儿的儿童戴上围兜，他还会帮年纪小一点儿的儿童系好鞋带；一个儿童不小心打翻汤碗后，另一个儿童会马上过来帮他清扫地板。

如果有个儿童在洗碗碟，他不仅会洗干净自己的，还会把别人的脏碗碟也一起洗干净。还有的儿童不仅会摆放好自己的碗筷，还会把其他人的碗筷一起摆放好。更重要的是，当儿童在帮助他人做这些事情时，并没有期望得到回报或奖励。对他们来说，帮助别人做事本身就是回报或奖励。

有一次，我看到一个小女孩坐在餐桌前，她的面前是一些摆放好的碗盘。小女孩看上去有些忧郁，她一言不发，似乎心里有什么委屈。后来我才了解到，有人曾答应让这个小女孩帮忙摆放碗筷，可是后来这个人忘了自己的承诺。这个小女孩因为失去了帮助别人摆放碗筷的机会而感到失望，她甚至连汤都喝不下了。

儿童在充满热情工作的过程中，社会行为也会获得发展，他们会知道自己做事的目标，也能够轻易地完成。如果我们允许儿童自己做事，就是给予了他们可以自己设定目标的自由。

儿童之所以按照自己的方式做事，就是为了满足自己的精神需求。在满足他们的精神需求之前，他们首先需要一个明确的目标。

儿童洗手时会不断重复清洗的动作，这不是因为他们的手真的很脏，而是因为他们需要通过不断洗手来达到自我完善。扫地、给花瓶换水、整理小桌子、铺床单、摆好碗筷……这些都是儿童喜欢做的事情，可以活动和锻炼他们的肢体。

做过家务的人都知道，做家务虽然看起来简单，但其实会耗费很多力气和精力。在儿童之家，孩子们都喜欢做这些日常的工作，到这里来参观的人们看到孩子们的表现都会感到很惊讶。但是，做家务这些日常生活练习只是一个开始。

那些思想家或者科学家总是沉迷于思考，导致人们会认为他们脱离了现实。例如，牛顿曾经沉迷于思考而忘记了吃饭；阿基米德曾经沉迷于数学计算，以至于西拉克斯市沦陷都未能打断他的思考，直至看到面前的敌人，他才惊觉。

这些科学家的趣事表现了人的一种十分重要的特性，即专注。如果科学家想达到伟大的成就，除了需要具备丰富的文化知识，还要有专注的特性，可以全身心地投入工作之中，甚至是达到与世隔绝的地步。

让儿童自由地选择喜欢的活动，如果这种活动正好符合儿童的精神需求，那么儿童也会将这种需求通过行为表现出来。

一般来说，儿童会希望和周围人做同样的事情，但他们也有自己的内在需求。当儿童专注于自己的工作时，他们就会和周围的人和事隔离开来。

在人类神奇又丰富的内心世界中，有一种感受是亲密的孤独，这种感觉只能每个人独自体会，旁人是不能感同身受的。如果旁人干扰了我们，这种亲密的孤独感就会遭到破坏。

当我们从外在世界之中解放出来以后，自己的思想就需要依赖内在精神的培养，周围的环境不会干扰到我们，因此我们可以安心地独处。

很多伟人或智者可以做到专注于自己的思考，这是他们内在精神力量的源泉。而且有的伟大人物会利用这种精神力量，怀着无比的慈悲去感化众生。

还有一些人，离群索居一段时间之后，会认为自己有义务去解决人类面临的大问题，还有的人会帮助那些被侵略的同胞，甚至包容他们的各种缺点。

身体劳动和精神专注之间有十分紧密的关联，这两者看似矛盾，但其实它们是相辅相成的。

在日常生活中，内在精神会对我们产生很大的影响。一般的劳动可以帮助我们活跃大脑，精神的力量也可以补充体力的消耗。

如果一个人对自己了解足够，那么他就会了解自己的精神需求，和他对吃饭、睡觉等生理需求的了解一样清楚。他也会尽量满足自己的精神需求。如果忽视了精神需求，就会和忽视了生理需求一样，让自己处于危险的境地。

儿童有思考的能力，也有这种内心的专注力。

虽然专注力并不是什么超凡脱俗的人独有的天赋，而是人类普遍的特质，但是也只有少数人会在长大成人后继续保有这种专注力。

如果我们重视培养儿童的专注力，就不能只考虑那些我们认为有用的工作。虽然有的东西在我们看来没有一点儿用处，却对儿童有很大的吸引力。儿童会被这些东西吸引住目光，而且他们会想尽办法去学习或者操作它。只是儿童的操作方式可能会没有条理，甚至会把东西弄得一团糟。

从那之后，儿童会一次又一次地用相同的方法去操作那个东西，在成人眼里，这样做似乎很无聊，但对于儿童来说，这样做具有十分重要的意义。

当我第一次在儿童身上发现这种现象时，我感到十分惊讶，在那个瞬间，无数心理学理论在我的脑海中闪现并崩塌。我问自己：我看到的是真的吗？我眼前真的出现奇迹了吗？

过去，人们一直认为儿童无法持续而专注地做一件事情，我曾经也这么认为。可是当我看到一个4岁的小女孩专注地、一遍又一遍地将不同大小的圆柱体放进插孔里时，我开始怀疑自己的想法是否正确。只见小女孩小心翼翼地将一个又一个圆柱体放进插孔，等到所有圆柱体都放进去之后，她又把所有的圆柱体都倒了出来，然后重新将它们一个接一个地放进插孔里，如此反复。

为了吸引这个小女孩的注意力，我开始在旁边给别的儿童讲故事。这个小女孩竟然丝毫没有受到影响，依然不断地重复自己的动作。当看到她反复操作了14遍以上后，我弹起了钢琴，同时让别的儿童合着音乐唱歌。小女孩依然不为所动，继续玩圆柱体插件，她甚至连头都不抬一下，好像与周围的环境隔绝了。

又过了很久，小女孩才停下手上的动作。她站了起来，脸上满是笑容，目光炯炯有神，一副心满意足的模样。她就好像清晨醒来沐浴在阳光下，浑身散发出灿烂的光芒。

从那以后，我又好几次观察到了这样的行为。当儿童完成一项很有趣的工作后，他们会表现得平静且愉悦。这就好像他们的内心深处开辟了一条道路，所有的潜能通过这条道路喷涌而出。

儿童乐于助人，会友善地对待身边的每一个人。有的儿童可能会悄悄走到老师的旁边，轻轻地说：“老师，我是个好孩子哦！”在那个时刻，他的样子就像是自己给老师透露了一个天大的秘密。

我将儿童身上发生的一切都视为法则，只有这样，我才能发现教育的问题。我知道，儿童的秩序观念、性格、智能和情绪的发展，都源于专注力。于是，我开始寻找可以让儿童专注工作的物品，并且精心布置了一个有助于儿童专注工作的外部环境。

儿童的专注力是很宝贵的，因此所有的教育方法都应该将重点放在如何抓住儿童的专注时刻，进而来教儿童阅读、书写，或者是给他们讲故事。我们还可以利用儿童的专注力教他们学习算数、语言等。

心理学家认为，保持儿童高度的兴趣和强烈而持久的专注力是唯一有效的教育方法。因此，教育的要求只有一项，那就是借由儿童内在的精神力量，让他们实现自我学习。

为了培养儿童的专注力，需要先激发出他们的注意力。在刚开始的时候，我们最好运用那些容易辨认且能吸引儿童注意的事物，比如大小不同、颜色各异的圆柱体，发出不同声音的乐器，粗糙或光滑表面的教具等。

接着，我们可以教儿童学习字母、书写、阅读、语法、数学、历史、科学等，不断地递增积累儿童的知识技能。

总而言之，刚上任老师的工作既微妙而又艰难。儿童能否找到自我学习和精进的方向，或者是否会在这方面遇到障碍，与老师的做法紧密相关。

对于新老师来说，最难以理解的就是，为什么老师要在儿童学习的过程中克制自己，避免自己去指导孩子？这是因为不能让老师的干预行为影响儿童的自律。老师应该相信，儿童是有潜力的。

很多老师一开始会忍不住去指导儿童，下意识地在儿童面前表露出自己的经验和文化素养等。但我想提醒这些老师的是，为了真正达到教育的目的，就要抑制住自己的虚荣和骄傲。

如果老师对于新教育法不得要领，就应该勤奋地学习，以弥补自己的不足。老师应该有计划地为儿童安排合适的环境，准备有明确目标的教具，小心地引导儿童，促使儿童参加各种实际工作。

我们认为，一个合格的老师应该能够分辨哪个孩子做对了，哪个孩子做错了。作为老师，要冷静地守候在儿童的身边，不能随意地干扰儿童，只是在必要的时候才给予儿童帮助、信心和爱。

培养运动神经

在儿童之家系列电影中，我们展现了在这里儿童实际工作时的情况。他们会在教室里走来走去，每个人都在忙着自己的事情，而老师只是静静地坐在角落里，观察这些儿童。

Chapter 8

培养儿童的运动神经是一件很复杂的事情，必须与儿童的身体要建立的所有协调运动相符合。

儿童的运动常常是毫无章法的，如果缺乏指导的话，他们的运动就会是一片混乱。

儿童天生好动，这里动动那里动动，于是成人都认为儿童是任性的、贪玩的、调皮的。

对此，成人最常见的做法就是限制儿童的活动，并且苦口婆心地劝说儿童“老老实实地待一会儿吧”，可惜这句话没有一点儿作用。

事实上，运动是儿童的内在需求，儿童只有通过不断的运动，才可以真正促进自己的运动组织和器官发育得更加协调。因此，我们不能让儿童不动。

我们最好适时对儿童的运动进行指导，引导他们的动作，发挥出有益于身心发展的作用。

只要给儿童指明了方向，他们的运动就可以朝着正确的目标发展。这样，儿童的成长才会顺畅，他们会成为一个积极的工作者，镇定、从容而快乐。

培养儿童的运动神经可以使他们的外在行为变得有教养，我在其他书中对此做了详细的讲解，这里不再赘述。

在儿童之家，对儿童运动神经的训练主要包括以下内容：

1. 基本的运动（如日常生活中的走、站、坐、使用物品等）；

2. 照顾自己，如自己穿衣服，讲究个人卫生等；

3. 处理家务，如打扫卫生等；

4. 园艺劳动，如饲养动植物等；

5. 手工劳动，如陶艺、泥塑等；

6. 体育活动；

7. 韵律活动。

儿童照顾自己的内容之一是会自己穿脱衣服。对此，我们有专门的训练教具，就是钉有布料或皮革的四方框，可以让儿童进行这方面的练习——扣扣子、挂挂钩、系带子、拉拉链等，这些练习囊括了各种穿脱衣物、系紧鞋带的方式。

当儿童练习穿脱衣服时，老师可以坐在他们旁边演示一些细微的动作，例如用手扣扣子。老师可以将动作分解成好几个部分，缓慢地展示，让儿童看得更清楚一些。就拿扣扣子来说，练习的第一步是将四方框上钉着的两块布对齐，这样才能更方便地将纽扣从上到下对正系好。

给儿童演示如何扣扣子时，老师先用手指捏住纽扣，将其对准扣眼，接着把纽扣放进扣眼里，最后调整一下纽扣穿过扣眼之后的位置，一个完整的扣扣子的过程就完成了。

同样的道理，当老师教儿童如何系蝴蝶结时，也可以把整个动作分解成若干步骤，慢慢地给儿童演示一遍。在我们的系列电影里也有相关的画面，展示了老师教儿童用丝带系蝴蝶结的整个过程。

不过，不是所有儿童都需要跟着老师上这样的课。有的儿童已经掌握了这些技能，而没有学会的儿童就可以跟着这些学会了的儿童练习。儿童做这些练习时都会很有耐心，他们会认真、独立、仔细地做好每一个动作。

当儿童进行这项练习时，老师可以让他们将四方框放在桌子上，并且让他们选择令自己舒服的姿势坐在桌子前，以便更顺利地进行训练。

如果儿童能够反复地练习系扣子、解扣子，他们的双手就会越来越熟练、越来越灵巧。一有机会，他们就会像着了魔似的给真正的衣服系扣子、解扣子。有些儿童不仅想自己穿脱衣服，还会想给其他人穿脱衣服，不放过任何可以练习系扣子、解扣子的机会。

除此之外，教儿童打扫卫生、摆放桌子等，也可以采用同样的方式。刚开始的时候，老师需要给儿童一些指导，为他们演示准确的动作。老师在演示时可以说话，也可以不说话。

老师也需要为儿童演示其他的动作，例如怎样优雅地坐在椅子上，怎样从容地站起来，怎样小心地存取物品，怎样给别人递东西，怎样将碗碟摆放在桌子上且不发出太大的声响，等等。

对于这些动作，儿童都怀有浓厚的兴趣，而且他们很容易就能学会。

如果一个班级里的儿童人数较多，老师可以轮流安排他们做些家务活动，例如打扫卫生、洗菜、上菜、清洗碗碟等。对于轮流做值日的制度，儿童是很乐意遵守的。

老师不必以命令的口吻要求儿童去做这些事情，因为儿童是很自觉的，甚至连两岁半的幼儿都很乐意做这些事情。儿童总是很努力地模仿成人的动作和行为，克服种种困难，这让我们十分感动。

美国纽约的雅阁比教授曾经看到过一件事，让他深受触动。

有一次，雅阁比教授看到一个两岁的幼儿在摆放叉子。这个幼儿站在那里不知所措，左看看右看看，他忘记了叉子到底应该放在右边还是左边。

就这样，这个幼儿站在那里，想了很久很久。其他稍大一点儿的儿童看到了，都对这个幼儿投去了钦佩的目光。这些大儿童和我们一样，都在为眼前这个幼儿的成长而暗自称奇。

对于儿童来说，老师的示范只是一种引导，为他们提供一个良好的开始。而剩下的部分，则需要儿童自己去发展。

儿童进行练习时充满了热情和喜悦，这种宁静而活跃的气氛就像在家里一样，有助于培养儿童的同情心，促使他们互相学习、互相帮助。最令人感到惊奇的是，年纪大一些的儿童会对年纪小一些的儿童取得的进步表示出理解和关心。

在儿童之家的系列电影中，我们展现了在这里儿童实际工作时的情况。他们会在教室里走来走去，每个人都在忙着自己的事情，而老师只是静静地坐在角落里，观察着这些儿童。

在电影中，有些场景是孩子们在打扫儿童之家。例如，他们会擦鞋、打扫家具、给地毯除尘，或擦拭人体测量仪上的金属指示器。

当儿童摆放餐桌和餐具时，会先明确分工，然后各自独立完成分内的工作：有人端盘子，有人摆放碗碟，有人摆放刀叉……当人们在餐桌前落座后，负责上汤的那些儿童就端着热汤过来了。

此外，儿童也很喜欢园艺劳动和手工劳动。现在人们知道，园艺劳动是幼儿教育的特色之一，在大多数人的眼里，植物和动物对儿童具有吸引力，可以激发儿童的爱心。

在手工劳动课上，我们会教儿童做泥塑，也就是用泥土做出瓦片、花瓶、砖块等物品。在制作这些物品的过程中，我们还会用到模子之类的工具。儿童需要参与并完成整个手工制作的过程，当他们做好泥塑物品之后，还要给它们上釉，最后放进熔炉里烘烤。

儿童会设计制作出各种各样的物品，例如白色瓦片、彩色瓦片、小砖块等。有时，他们会用瓦片搭建一堵墙；有时，他们会借助灰泥和泥铲，将小砖块铺在地上；有时，他们还会挖地基，然后用砖块砌出围墙，或者给小鸡建造一栋漂亮的小房子。

在儿童的各种体育活动中，最重要的一个活动就是“踩线”。我们会先用粉笔或颜料在地上画一条线，然后让儿童踩着线走路。接下来，儿童就像走钢索的演员一样，一步一步地沿着地上的线向前行进。在行走的过程中，他们的两只脚都要踩在线上，不能从线上掉下来。

有些儿童为了保持身体平衡，会像走钢索的演员那样紧紧地“踩住钢索”，努力让自己保持稳定。不过，我们完全不用担心，这个活动并不像真的踩钢索那样危险，因为这里的“钢索”是画在地面上的。

在活动刚开始进行的时候，老师也会参与练习，为儿童示范脚应该怎么放下去，怎么抬起来，儿童则会跟在老师后面进行模仿。当老师做示范动作时，不必多说什么。等到示范结束后，老师就可以离开了。

这样，儿童就可以开始自己练习。“钢索”上站满了摇摇晃晃的儿童，他们都在努力寻找平衡。

感官训练

对儿童进行感官教育的主要目的，是通过训练儿童的注意力、比较力、判别力等，让他们的感官更敏锐、更准确、更精练。

Chapter 9

感官教育是蒙台梭利教育体系中最基础、最重要也最有特色的部分。

我之所以把感官教育作为重点，是因为婴幼儿会主动或被动地感知外界事物的刺激，并做出相应的反应，可以说，婴幼儿时期是人一生中非常特殊而关键的时期。

在婴幼儿时期，人的感觉器官异常敏锐，因此这一时期也是儿童的敏感期。如果在这一时期，婴幼儿没有接受充分的感官教育，错失发展感知能力的机会，长大以后是很难弥补的，甚至会影响他们整个精神的发展。

因此，在儿童形成感觉的关键时期，我们要让他们及时地接受系统而完整的感官训练和感官教育。因为感官是心灵的窗口，是儿童认知世界的主要途径。感知能力的形成与提升对智力的发展也具有非常重要的作用。

智力是人心理发展的一个阶段，感觉又是初步的智力活动，因此感官训练是智能培养的第一步。经过感官训练，儿童对事物的印象会越来越清晰。通过身体的感官搜集周围环境中的各种信息，进而就可以分辨出不同的事物。而且我们还可以通过感官教育发现儿童身上会影响其智力发展的问题或缺陷，以便及时采取措施进行补救和矫正。

对儿童进行感官教育的主要目的，是通过训练儿童的注意力、比较力、判别力等，让他们的感官更敏锐、更准确、更精练。

蒙台梭利的感官教育包括视觉、听觉、触觉、味觉和嗅觉等感官的训练。婴幼儿经常会利用触觉认识事物，因此，在以上五种感官的训练中，触觉训练相对而言是最为重要的。不过我们也不能放松对其他感官的训练，它们在儿童的成长过程中都发挥了关键的作用，缺一不可。

触觉训练可以帮助儿童辨别物体是光滑还是粗糙，辨别温度的冷热，辨别物体的轻重、大小、厚薄以及长短等。

视觉训练则可以帮助儿童辨别物体的形状、颜色、大小、高低、长短以及不同的几何形体。

听觉训练主要是帮助儿童辨别和比较声音的差异，让他们在训练过程中形成对声音的初步审美和鉴别能力。

嗅觉、味觉训练主要是帮助儿童提高嗅觉和味觉的灵敏度。

这些感官训练都可以帮助儿童成为更加敏锐的观察者，对周围环境的感知更深刻，可以发展他们的一般感受能力。

蒙台梭利教育体系拥有一套训练感官的教具。我们会根据儿童的个体差异以及人不同感官的特点，有针对性地选择匹配的感官教具对儿童进行培养，以达到调动他们的感官、提高他们的感

觉灵敏度的教育目标。

例如，“嗅觉瓶”是专门针对嗅觉训练的教具，可以让儿童练习分辨各种不同的气味。通过闻“嗅觉瓶”里的液体，儿童获得了实际的嗅觉体验，从而增强了自己对不同气味的辨别能力。

其他的感官教具还有细木棒、粉红塔、颜色板、圆柱体等不同重量、不同几何图形的木块以及音乐钟等，这些教具可以训练儿童的各种感官能力，为其智力发展打下基础。

乍看之下，这些感官教具（如触觉训练教具）与心理测试用的工具好像是一样的。一些曾在米兰实验心理学校做过心理测试的老师第一次看到这些感官教具时，误以为它们是测量颜色、硬度、重量感觉的仪器。

事实上，蒙台梭利的感官教具与心理测试用的工具是不一样的。心理测试用的触觉测量仪只是用来进行测量，而蒙台梭利的触觉训练教具不是用来进行测量的，而是用来对儿童进行触觉训练的。

为了让这些感官教具达到训练的效果，我们必须让它们足以吸引儿童，而不是让儿童厌烦它们。这就对我们选择什么样的教具提出了要求。

做心理测试时，常常需要用仪器反复测量，这样会减少儿童的能量，让他们感到厌烦或疲倦。而感官教具不一样，它们被用来训练儿童的感知能力，可以增加儿童的能量。

我们不仅设计了感官教具，还提供了很多训练感官的方法。

通过使用这些方法，使儿童对于外界刺激的感知不断强化，从有明显差别的少量刺激逐渐过渡到区别较小的大量刺激。

在对儿童进行感官训练时，我们会让他们按照以下三个步骤操作。首先是配对。也就是让儿童通过观察，找出众多物品中具有相同属性的那些物品，并进行配对，例如将某一形状的物体嵌入相应的插孔。其次是分级，即让儿童分辨物体的不同特性，例如颜色、大小、形状等，可以将物品按照从大到小、从高到低等顺序进行排列；最后是分类。所谓分类，就是让儿童从一堆物品中找出相同的物品进行归类，例如哪些物品具有相同的颜色或者哪些物品具有相同的高度等。

我认为，蒙台梭利的感官教具是卓有成效的，可以对儿童进行基本的感官训练。我们设计的这些教具，可以让儿童收获不同的感受和体验，激发他们的兴趣。这些感官教具和其他教具一起构成了蒙台梭利教育体系。这些教具都来自米兰慈善家协会的“劳动之家”。

运用这些感官教具对儿童进行感官教育之前，不能仅仅学习表面的操作技术，还应该充分了解这些教具的系统性以及其中所蕴含的教育思想。

蒙台梭利感官教育的原则有两点，即循序渐进和自我教育。

儿童进行感官训练时，可以根据自己的兴趣、需求和能力来挑选教具。蒙台梭利感官教具中设计了专门的“错误控制”系统，当儿童独立地动手操作教具时，万一出现了错误就可以立刻根据教具的提示进行自我矫正。就这样，儿童通过反复地操作教具以及自我控制错误，从而达到自我教育的目的。

在进行感官教育时，我们应尽可能地让每一种教具只训练一种特殊的感觉，让儿童一步一步地通过有针对性的训练，由易到难、由简到繁，循序渐进地增强自己的感知能力。

在蒙台梭利感官教具中，有三套木质圆柱体插件是视觉训练的教具，最受2—3岁儿童的欢迎，可以用来训练他们的视觉能力。

每一套圆柱体插件由一个长方形底板和10个大小不一的小圆柱体组成。底板的长度为55厘米，宽度为8厘米，高度为6厘米。每个底板上有10个插孔，这些插孔与10个小圆柱体是一一对应的。每个小圆柱体上还有一个圆顶的把手，方便儿童拿握。

这三套圆柱体插件也有细微的差别。

在第一套圆柱体插件中，10个小圆柱体的直径相等而高度不同。这些圆柱体的高度从1厘米到5.5厘米，每一个的高度依次增加0.5厘米。最矮的那一个圆柱体看起来就像是一个小圆盘。

在第二套圆柱体插件中，10个圆柱体的高度都是5.5厘米，可是直径不一样。它们的直径从1厘米到5.5厘米，每一个依次增加0.5厘米。

第三套圆柱体插件的直径和高度都不相同，最小的一个圆柱体，其直径和高度都是1厘米，其余的高度和直径则依次增加0.5厘米。

总结一下，第一套圆柱体插件只有一个维度（高度）的变化，第二套圆柱体插件有两个维度（底面直径和截面）的变化，第三套圆柱体插件有三个维度（高度、直径、截面）的变化。

我们是根据儿童进行视觉训练的难易程度来设计这些圆柱体的排列顺序的。

怎么用这三套圆柱体插件来进行视觉训练呢？首先，将所有圆柱体从插孔里拿出来；其次，将圆柱体混合在一起，打乱它们的顺序；最后，将圆柱体依次放回正确的插孔里。

当儿童进行这项训练时，他们可以采用自己最舒服的姿势坐在桌子旁边。接着，他们就要按照上述三个步骤来动手操作了。

当然，在儿童进行训练之前，老师可以先给他们示范一下正确的动作。只不过这种示范常常显得很多余，因为那些不会使用这套教具的儿童会观察并模仿其他已经学会了的儿童是如何操作的。而且儿童大都喜欢避开老师或其他人，独自躲在角落里训练。

那么，在训练的过程中，儿童是怎么做到将混成一团的小圆柱体一一放入正确的插孔里的呢？我对这个问题充满了好奇，进而仔细地观察儿童的行为，以期找到答案。

我发现，儿童在训练之初会不断地尝试，例如试图把稍大一些的圆柱体放入比它小一些的插孔里。当他们发现这样做是错误的之后，就会换一个插孔继续尝试，直到找到正确的插孔为止。当然，儿童也常常会犯与之相反的错误，将小一点儿的圆柱体插入大的插孔里，这样做会导致圆柱体和插孔之间出现空隙，而此时儿童可能并没有发现自己的错误，还会继续将小的圆柱体插入大的插孔里，直到最后的那个圆柱体无法插入剩下的插孔里时，儿童才会意识到是自己错了。接下来，他们就会根据“提示”，仔细地查找错误的原因。

在这个时候，儿童或许会感到疑惑：为什么前面的圆柱体都能放进插孔里，只有最后的这个圆柱体无法放进最后的插孔里呢?

儿童开始思考。他们会停下手上的动作，仔细观察这些圆柱体，想弄明白到底是哪一个圆柱体放错了位置。而且他们会尝试纠正自己的错误，又开始一遍遍地尝试将圆柱体放入插孔里。直到所有的圆柱体都放进了正确的插孔里，他们才会感到满足，脸上露出了胜利的微笑。

这样的训练对儿童的智力发展是大有好处的。因为儿童会反复训练，他想经由自己的经验去揭开这些圆柱体插件的秘密。

我们也可以让三个儿童一起进行视觉训练。这三个儿童同时玩这三套教具，他们之间还可以互换圆柱体，这样就可以让训练变得更加多样和有趣。一些3岁左右的儿童就经常用这种方式进行训练，并且对这样的游戏乐此不疲，有时甚至重复进行了40次练习，他们依然兴致高昂。圆柱体多维度的形状变化会重新唤起儿童的兴趣。

这些圆柱体教具可以从视觉上锻炼儿童区分物体大小的能

力。经过训练之后，儿童最终可以做到一拿起某个圆柱体就立刻看出应该把它放进哪个插孔里。

我们设计这些教具时还遵循了一个最根本的原则，那就是教具本身可以控制错误，并且能够对儿童起到提示的作用。

当儿童想要达到某个预期目标时，这种信念会促使他们不断地纠正自己的错误，无须老师的提醒和帮助。这意味着儿童开始了自我教育的历程。

我们还是以视觉训练为例。当儿童在反复操作的过程中，从表面上看，是为了正确放置小圆柱体。事实上，这样的训练还有一个更深层次的目标，那就是促使儿童观察并比较这些小圆柱体，从而形成判断、推论和决策的能力。同时，在这样的重复训练中，儿童的注意力和理解力也得到了锻炼，他们获得了真正的成长。

圆柱体插件是基础的视觉训练教具，当儿童学会使用圆柱体插件之后，就可以加大难度，利用三套立体几何木块来进行更进一步的视觉训练。具体过程如下。

1.第一套立体几何木块是“粉红塔”，也就是10个粉红色立方体木块，可以用来培养儿童区分物体的大小或体积的能力。这些粉红色立方体木块的边长从10厘米到1厘米依次递减。

利用这10个粉红色立方体木块，儿童可以搭建一座高塔。他们需要先在地板上铺一张小毯子（也可以不铺摊子，直接在地板上搭建），然后将最大的立方体木块放在毯子上，接着按照从大到小的顺序依次将其他立方体木块摆放上去，直到将最小的立方体木块放在“高塔”的顶端。

如果儿童没有按照从大到小的顺序搭建木块，“高塔”的形状就会变得不规则。那些凸出来或者凹进去的木块就会“提示”儿童这里出错了。

儿童在搭建高塔的过程中，最容易犯的错误就是把最大的立方体木块和第二大的立方体木块混淆，有的儿童常常将第二大的立方体木块放在塔的底层。

这套“粉红塔”教具最容易吸引3岁以下儿童的兴趣。有时候他们刚刚把“高塔”搭建好，结果一挥手臂就不小心将塔弄倒了，立方体木块纷纷散落在地上。这时，孩子们就会重新开始搭建。

2.第二套立体几何木块是“棕色梯”，即10个棕色四方棱柱体木块。这些棱柱的长度都是20厘米，横截面积逐渐减小，也就是侧边边长从10厘米依次递减到1厘米。

儿童利用“棕色梯”进行视觉训练时，会先将这10个四方棱柱体木块摆放在地毯上，然后将它们按照体积从大到小的顺序排成一排。

如果儿童在训练的过程中出了差错，他们马上就可以看出来。因为只要有一个棱柱体木块的位置是错的，整个“梯子”看上去就会不规则，例如本来是上升的位置出现了下降，或者本来是下降的位置出现了升高，这就是在提示儿童出错了。

3.第三套立体几何木块是10个红色或红蓝相间的长木棒，每根长木棒的粗细相同而长度不同，底面边长都是3厘米，长度则从10厘米到1米依次递增。

当儿童利用这些长木棒进行视觉训练时，会先将这10根木棒混合在一起，放在地毯上；然后，他们会仔细观察并比较这些木棒的长短；最后，儿童会按照从长到短或从短到长的顺序将这些木棒依次排列，形成一个规则的三角形图案。

这种长木棒感官教具也有控制错误的功能。如果在训练的过程中，某根木棒被放错了位置，那么最终形成的三角形图案就不规则了，斜边是弯曲的或者木棒上的红蓝标记形成的图形是弯曲的，这就是在告诉儿童出错了。

这套长木棒感官教具除了可以用来让儿童进行分辨长短的视觉训练外，还可以用来进行算术学习，这一部分内容，我们会在后面有关章节中详细讲解。

通常，儿童在进行训练之前需要老师为他们示范正确的使用方法。不过事实上，很多儿童常常不是因为老师学会操作这些教具的，而是通过观察其他会使用这些木棒的儿童的训练过程，并且模仿他们的动作，从而达到自己的视觉训练目的。

当某个儿童开始模仿其他儿童进行训练时，老师应该留心观察他的一举一动，及时纠正他的不恰当行为。所谓的纠正，不是指纠正儿童摆放教具时出现的排序错误，而是指纠正儿童在训练过程中的粗鲁行为或者是胡乱操作教具的举动。

有时候，儿童摆放木块时会出现一些错误，例如把小一点儿的立方体木块放在大一点儿的立方体木块下面，排序混乱，这都是由于他缺少训练。不过，通过观察、比较以及重复操作，儿童自己就会纠正这种错误。

当儿童摆放木棒时出现一些比较明显的错误时，老师不需要立刻干预，而是应该让儿童自己去发现并纠正。因为让儿童使用木棒进行训练，目的在于对儿童进行自我教育，而不是一定要按正确次序将木棒摆放好。当儿童获得了足够的经验之后，他们自然就能将所有的木棒都摆放在正确的位置上。到那个时候，儿童就会从独立工作中获得乐趣，并且会很开心地和老师分享自己的成就与收获。这个时刻就代表这项训练的目的达到了。

在儿童利用立方体木块、四方棱柱木块和长木棒进行训练的过程中，为了将木块从橱柜搬运到自己的操作地点，他们需要不停地走来走去，因为他们每次只能搬运一块木块，所以需要重复起立、蹲下很多次，才能把所有木块都搬完。从这一点来看，儿童也能从这些训练中获得体能上的锻炼和发展。

看起来，使用立体几何木块感官教具来区分大小似乎更容易些，其实不然。因为这些立体几何木块不能像圆柱体插件那样控制错误的出现，儿童往往只能依靠观察来发现自己的错误。所以，我特意把这类教具的尺寸都设计得更大一些，这样就可以让它们之间的差别更明显，以便儿童一眼就能发现错误。在用立体几何木块进行难度更大的视觉训练之前，需要儿童事先通过圆柱体插件培养基本的眼力。

在进行视觉训练期间，儿童也可以同时进行其他的感官训练，例如，使用粗糙或表面光滑的长方形板进行触觉训练。

在日常生活中，儿童已经进行了冷热方面的触觉训练，他们先用冷水和肥皂洗手，然后用毛巾擦干，接着将手放进温热的水里浸泡几秒钟。在这里，我们也可以让儿童运用不同表面的长方形板进行触觉训练，就像我在本书的“教育方法”一章里讲到的那样。

等儿童将手清洗干净并在温水里浸泡之后，老师就可以为他们示范如何使用长方形板训练触觉——用手指的指尖轻轻地触摸长方形板的表面，感受什么是粗糙的，什么是光滑的，明白二者的差别。在这个训练过程中，通过触摸不同的表面，儿童手指指尖的微妙运动可以帮助他们培养控制能力。

这是一种基础的触觉训练，而之所以要让儿童在训练之前洗手并将手放在温水里浸泡，是为了增加美感和优雅。在整个蒙台梭利教育体系中，触觉的培养也是非常重要的。

当儿童进行触觉训练时，老师需要积极主动地为儿童示范正确的动作。当然，和之前的训练一样，老师在示范时不必过多地解释什么。

在示范的时候，老师可以抓住儿童的手，引导他用指尖去轻轻触碰长方形板。当儿童通过自己的双手感知到了两种不同表面的差异之后，他就会根据老师的示范去反复地训练，体验那些不同的感觉。

当儿童对粗糙和光滑这两种不同的触觉有了初步的认知之后，还可以进一步体验不同光滑程度或不同粗糙程度的长方形板。通过使用这些不同表面的感官教具进行反复训练，可以不断完善儿童对触觉的感知，提高他们辨别不同触觉的能力，同时也提高他们的控制能力。

儿童还可以使用布料进行触觉训练，例如天鹅绒、绸缎、羊毛、棉布、粗布或者精细亚麻布等不同的布料，这些布料颜色鲜明，并且每一种布料都准备两块相似的。

之前的触觉训练是让儿童触摸物体，而现在使用布料进行触觉训练，则需要他们抚摸物体。对于儿童来说，抚摸是一种新的动作，需要老师示范指导。不同的布料需要不同的抚摸方式，从粗糙的棉布到细腻的丝绸，我们应该相应地采取轻柔或相对不轻柔的方式去抚摸它们。

由于之前已经积累了触觉训练的经验，儿童会在抚摸布料的过程中获得极大的乐趣，增强他们的感受力。在抚摸的过程中，有的儿童会本能地闭上眼睛，还有的儿童为了避免自己偷看，会用干净的手帕蒙住眼睛。抚摸之后，儿童会将这些布料依次成对地放好，然后取下脸上的手帕，再仔细检查自己的感觉是否正确。

一旦儿童从这样的触觉训练中获得了乐趣，他们就会主动在周围的环境中寻找机会，去体验不同的感觉。举个例子，当儿童看到某位来访客人穿着十分漂亮的衣服时，他们就会先跑到水池边洗手，然后回到客人身边，用干净的手轻轻抚摸客人的衣服。在那一刻，他们看起来很高兴。

我在前面提到过，之所以让儿童在冷热水里交替洗手，为了训练他们的热觉，还有一种方法也可以训练儿童的热觉。

准备一些小的金属碗，每个碗里倒入不同温度的水。为了保证每碗水温的确是不一样的，可以用温度计测量一下。接下来就可以让儿童将自己的手依次放入冷水、温水和热水里，感受不同的温度。

这样的热觉训练很受儿童的欢迎，因为他们都喜欢水，所以会积极地参加训练。

接下来，儿童可以接受难度更大一些的重量感觉训练。

为了训练儿童对重量的感知力，我们准备了一些小的长方形木板。这些小长方形木板的大小是一样的，但是重量不同，因为它们是用不同的材质制造的。而且，我们还分别将这些木板涂上了不一样的颜色。

当儿童进行重量感觉训练时，他需要先拿起一块小长方形板，五指张开手轻轻地托住板子。接着儿童可以用手上下掂量一番，但是要注意动作幅度不能过大。如果儿童能够觉察出物体的重量，那么他们手上的动作会越来越轻微。当儿童能够不掂量就觉察出某个物体的重量时，就说明这种重量感觉训练的目的已经达到了。只有经过反复的训练，儿童才能最终完成训练。

和触觉训练时一样，当老师示范完正确的操作方法和步骤之后，儿童会主动地蒙住眼睛，然后自己一遍又一遍地训练。在这个过程中，他们会自然地将重一点儿的木板放在右边，将轻一点儿的木板放在左边。接着，他们会取下蒙在眼睛上的布，仔细观察并检查自己做得对不对。

当儿童已经运用三套圆柱体插件、粗糙或光滑表面的木板进行相应的感觉训练之后，他们就可以运用下面这套感官教具来进行进一步的训练了。相对来说，下面的训练是更有难度的。

这套感官教具也被称为颜色板，就是一组颜色深浅不一且缠着相应颜色丝带的小木块。它们很能吸引孩子的注意力。

一套颜色板感官教具由两个独立的盒子组成，每个盒子里都装有64个带有颜色的木块。这64个木块的颜色分为8种不同的色调，每种色调又分为8种不同的深浅度。当儿童进行训练时需要两套颜色板，也就是128个不同颜色的木板。

训练时，儿童首先需要进行颜色配对。先将其中一套颜色板混合放在一起，然后让儿童从中挑出颜色相同的两个木块，并将它们成对地摆放在一起。

起初，老师并不会将这128块颜色板都混在一起让儿童去挑选，而是只须挑选出一些颜色更鲜明一些的木块，例如红色、蓝色、黄色，让儿童进行练习。

接着，老师会拿出一块颜色板为儿童示范如何从剩下的颜色板中挑出相应的那一块，比如，老师拿出的是红色板，那么他就会从剩下的颜色板中挑出同为红色的那一块，然后将两块红色板并排放在一起。

然后，老师可以让儿童模仿自己的动作。例如，老师拿出一块蓝色板，然后让儿童从剩下的颜色板中找出与它颜色相同的那一块，将它们配对。

最后，老师可以将所有的颜色板再次混合在一起，打乱它们的顺序。然后让儿童自己进行练习，从颜色板中找出颜色相同的两块，并将它们配对放好。

训练的难度可以从易到难慢慢递增，例如先让儿童从所有颜色板里找出两对或者三对颜色一致的木板，当他们完成之后，就可以要求他们再找出四对或者五对颜色一致的木板。对于一个3岁的儿童来说，通过训练，他可以从混成一堆的颜色板中找出10对至12对颜色相同的木板。

经过足够的训练之后，儿童就能很容易地看出哪些木板的颜色是相同的。当他们达到这种程度之后，接下来就可以进行辨认颜色深浅的感觉训练了，帮助儿童更进一步地认知颜色之间的细微差别。

以蓝色系列的颜色板为例，我们讲解怎么进行相应的训练。

蓝色系列有8种深浅程度不同的木块。首先，老师会为儿童做出示范，将这8个颜色板按照由深到浅或者由浅到深依次排好。接下来老师可以离开，让儿童自主进行训练了。

在刚开始进行这样的训练时，儿童可能会常常出错，这说明他们此时还不具备识别同一种颜色不同深浅度之间差别的能力。只有通过反复的练习，儿童才能形成这种能力。

当然，为了帮助儿童尽快适应这种训练，我们可以从以下两个方面进行引导。

首先，老师可以建议儿童每次训练时优先挑选出颜色最深的木块。这样当他们面对一堆颜色板时就不会手足无措，而是有一个明确的方向，可以推动他们进行后面的训练。

其次，老师可以不时地引导儿童观察颜色相近的两个颜色板，仔细对比它们的深浅有什么不同，然后将这两个颜色板与其他颜色板区分开来。

这样，儿童在摆放每一个颜色板之前，都会进行细致的比较和判断了。

当训练进行到最后，儿童会很喜欢将64个颜色板都混合在一起，然后熟练地挑出同一色系不同深浅的那些颜色板，将它们依次正确地摆成8排。在训练过程中，儿童使用双手的能力、注意力和记忆力都得到了相应的锻炼。

要提醒大家的是，儿童进行这个训练时，需要用双手抓住木块的两端，而不能用手握住颜色板，因为这样容易挡住缠在木板上的彩色丝带。当他们按规律排列颜色板时，需要注意让丝带呈一条直线，这需要使用一定的技巧。只有通过一遍又一遍的练习，重复操作很多次之后，儿童才有可能达到这个程度。

对于年龄大一点儿的儿童来说，使用这种颜色板来训练感官，有助于开发他们对于颜色的记忆能力。这些儿童认真观察过某种颜色的颜色板后，就可以凭借记忆从混在一起的所有颜色板中找出与之颜色相近的那个木块，无须用先前的颜色板与其他木块对比来帮助寻找了。当儿童这样做之后，说明他（她）们已经具备了足够的能力，不需要参考实际的物体，而是可以通过记忆来分辨颜色以及区别不同颜色之间的差异。

对这样的“颜色记忆”训练，儿童表现出了很大的兴趣，并且他们会将这种训练延伸到日常生活中。例如，当他们在脑海中回想起某种颜色时，就会在生活中寻找相应颜色的实际事物。当他们真的在生活中寻找到与头脑里的颜色相对应的实物时，证明他们获得了一定的能力，这个时刻对他们来说具有十分重要的意义。

我们还有可以训练儿童认识形状的感官教具。这个教具是一个装有几何图形插片的六屉橱柜，每一层抽屉里衬着蓝颜色的纸，还装有一些木制的方框，每个方框里嵌着一个几何形状的木块。这些几何形状的木块中间配有一个圆顶的小把手，儿童将它们抽出来很便利。几何形状的木块被抽出来之后，我们会发现方框中间出现了形状完全相同的图形。

需要说明的是，这些插嵌有几何形状的方框是按照一定的规律放在各层抽屉里的。

1.第一层抽屉中有6个直径逐渐缩小的圆形插片。

2.第二层抽屉中有一个正方形插片和5个长方形插片。5个长方形的长度与正方形的边长是相等的，但是宽度依次递减。

3.第三层抽屉中有6个边长及角度各异的三角形插片，有等边三角形、直角等腰三角形、锐角等腰三角形、钝角等腰三角形、钝角不等边三角形、直角不等边三角形。

4.第四层抽屉中有6个正多边形插片，有正五边形、正六边形、正七边形、正八边形、正九边形、正十边形各一个。

5.第五层抽屉中有6个不同形状的图形插片，如圆形、菱形、三角形等。

6.第六层抽屉中有4个平面木板，没有插嵌任何几何图形，也没有固定图形需要的小把手。此外还有两个不规则的几何图形。

与这套感官教具配套的还有一个木框。这个木框里有6个格状分栏，打开时像一个盖子，合拢时可以将6个图形完全盖住，木框底部的6个图形模具牢牢地固定在正确的位置上。

这套感官教具中的几何图形插片可以用来给儿童上第一堂平面几何图形课，老师根据自己的判断和儿童的实际情况，挑选其中的一些图形插片来进行训练。

第一次进行这种训练时，我建议老师可以先选择一些形状差别较大的几何图形插片让儿童观察，例如圆形和等边三角形，或者是圆形、三角形和正方形等；然后逐步增加难度，让儿童观察形状越来越相似的几何图形插片。

当儿童自己进行训练时，老师可以先将几何图形插片从方框中拿出来，让儿童仔细观察方框里空出来的形状，然后在所有几何图形插片中寻找出与之相同的那一个，再放入方框里。

刚开始进行训练时，儿童可能会犯一些错误，例如把圆形放到椭圆形的方框里，或者把正方形放到长方形的方框里等。当儿童发现手里拿的几何图形插片根本无法放进方框里时，他们就会停下来仔细观察，并且开始思考。接着他们会继续尝试，直到将所有图形插片放进了正确的位置。经过一段时间的训练，儿童操作起来会越来越熟练。

一开始，老师可以让儿童使用不相似的图形进行训练。等到他们熟练之后，就可以选择形状相似但尺寸不同的图形插片进行训练，如6个矩形、6个三角形、6个圆形等。

这种几何图形插片训练与前面说的圆柱体插件训练有些相似，都是在训练之前将几何图形插片从原来的位置上拿下来，然后打乱顺序，再通过小圆把手将它们插回原来的位置上。

这套几何图形插片教具也能控制错误的出现，因为每个几何图形插片都只能插入特定的位置上，如果图形插片没有被放在正确的位置上，是无法嵌入方框中的。这样经过一段时间的训练之后，儿童一定能将所有图形插片都放入正确的位置。要做到这一点，不仅需要多加练习，还要求儿童在训练的过程中多观察并比较不同形状的几何图形。如此一来，他们也可以锻炼自己用眼睛分辨各种形状的能力。

儿童在训练时，手脑并用非常重要。当儿童观察几何图形插片时，老师可以引导他们触摸图形的轮廓，不仅触摸轮廓，还要触摸与几何图形插片相对应的孔洞的轮廓，只有将两者都触摸过了之后，儿童才能更加准确地理解几何图形插片的形状，才能正确地将几何图形插片嵌入准确的位置上。

通过这种触摸的方式，儿童对物体有了更具体的了解，才会更容易识别各种形状，这一点在儿童触摸木框时表现得尤为明显。儿童触摸木框时，手指会顺着框架的边沿走。对他们来说，框架就是向导，可以指引方向。

老师做示范动作时，手部的触摸动作一定要缓慢且清楚。示范完之后，老师还要指导儿童用自己的小手进行第一次的触摸动作，要保证儿童的手指可以触摸到所有的细节部分——包括木框的边边角角。

如果儿童可以独立操作教具，并准确完成触摸动作之后，他就能够通过触摸物体的轮廓来感知几何图形的形状。经过多次训练之后，儿童手部的动作就会变得更加协调，可以准确地画出一个几何形状。

这个训练并没有明确的目标，但能让手部拥有勾勒封闭的几何图形轮廓的能力，为绘画打下基础。同时通过触摸来感觉手应该如何沿着一个确定的形状轮廓移动，也是为他们书写工作做准备，只是儿童自己并没有意识到这一点。

对于这种精确触摸几何图形轮廓的能力，儿童是很重视的，他们甚至为了培养这种能力，而想出了更好的训练方法，即在训练的过程中将眼睛用布蒙起来。这样一来，他们在训练时无法凭借眼睛看到几何图形插片的形状，只能通过触摸来感知。这种训练方法也给儿童带来了极大的乐趣。

这套感官教具还配有白色的方形卡片，这些卡片都放在一个立方体纸板盒里，可以配合几何图形木块一起来使用。

这些方形卡片上有大小与几何图形插片完全一致的几何形状图案。这些卡片可分为三组：第一组卡片上有一些蓝色的几何图形，是用蓝色的纸剪出来后再粘贴上去的；第二组卡片上是蓝色的图形轮廓，大约半厘米宽，也是用蓝色纸剪好后粘贴上去的；第三组卡片上是用黑色笔勾画出的几何图形轮廓线。

运用这些卡片，可以训练儿童的眼力，帮助他们进一步完善识别平面几何图形的能力。因为这些卡片不具备“控制错误”的功能，不像图形插片那样，万一插错了可以很容易就看出来。在使用这些卡片的过程中，儿童只能用自己的眼睛来判断图形的特征。

在一次又一次使用这些卡片进行训练的过程中，儿童提升了用眼睛辨别图形的能力。当做到第三组，也就是只用黑色笔勾画出图形轮廓的那一组卡片时，他们就能理解自己手里拿着的几何图形插片与周围物体外形之间的联系了。儿童渐渐能够将具体存在的事物与概念性的东西联系起来。至此，儿童的脑海中对抽象的线条有了具体的概念，并且只需要通过线条简单勾勒的轮廓，就能识别辨认出几何图形了。

利用这些感官教具，儿童可以进行很多不同的训练。除了老师示范的操作方式，儿童自己也会发现很多好玩的训练方法。

举个例子，有的儿童会将木制的几何图形插片在地上摆成几排，然后像洗扑克牌那样将方形卡片混合，接着他们就会用最快的速度将手中的方形卡片与木制几何图形插片进行匹配。为了知道自己到底做得对不对，儿童会将几何图片插片放在卡片上进行验证，看看两个图案是否可以完全吻合。

儿童还发明了另一种玩法。他们将两三张桌子拼在一起，然后将三组方形卡片都放在桌子上，打乱它们的顺序。在“玩游戏”时，儿童会先拿起一个木制几何图形插片，观察插片的形状以及桌上所有卡片上的图案形状，从桌上的卡片中找出与插片图形相同的那一张，然后将插片放在相应的卡片上。

这个游戏可以四五个儿童一起进行。其中一个儿童找出与木制插片对应的带有几何图形的卡片，并且将插片对准卡片上的图案放好，接着另一个儿童进行接龙——他可以拿起上一个儿童放好的那个插片，然后将它放在带有相同形状的图形轮廓的卡片上。从某种程度上来说，这个游戏能够激发儿童对象棋的兴趣。

玩这个游戏时，儿童不需要他人的暗示或意见，就会自觉地用手触摸三组卡片上的形状或轮廓。虽然他们玩这个游戏时表情都很严肃，但是会持续地玩下去，因为他们对这个游戏具有浓厚的兴趣。

其实在儿童进行这些训练的过程中，我们可以告诉他们这些几何图形插片所代表的图形的名字。起初，我以为正方形、矩形、圆形等名词过于严肃，没有必要在这个阶段就让儿童了解这些正式的名称。没想到的是，儿童的反应却和我想象的完全不一样。当老师准确地念出几何形状的正式名称时，儿童会认真聆听并跟着老师重复朗读。即使是那些很难理解的梯形、十边形等名称，他们也表现得兴致盎然。经过研究后我了解到，这是因为儿童正处于语言发展的最佳时期，这种训练也有利于他们语言的学习。

为什么儿童运用几何图形插片训练一段时间之后会自己“发明”了一些新游戏呢？因为他们的感知能力已经形成了，开始不满足于通过感官教具来进行训练，而渴望从范围更大、更复杂的周围环境中去辨认自己已经认识的颜色或形状。这些练习激发了儿童体内的热情，世界在他们眼中是快乐而充满活力的。对此，我可以举几个例子来说明。

有一次，我曾看到一个男孩独自在天台上走来走去，他看起来好像在思考着什么，嘴里念念有词：“天是蓝色的，天是蓝色的。”

还有一个例子。在米兰的一个普通家庭里，妈妈正在为家人准备晚餐，4岁的儿子站在她的旁边。当看到妈妈从面包袋里拿出一片面包和一些黄油时，儿子说话了：“面包是长方形的。”接着，妈妈用小刀切下了面包的一个角，儿子又接着大声说道，“这一块面包是三角形的！”随后，妈妈将切下来的那一角面包放在盘子里，儿子则指着妈妈手里剩下的那块面包，说，“现在，这一块是梯形的了。”

当时，这个儿童的爸爸也在场，儿子的表现令他十分惊喜，给他留下了很深刻的印象。这位爸爸后来去询问我们的老师，为什么自己的孩子会有这样的表现。这位爸爸很激动地对老师说：“如果我小时候也受到了这样的教育，现在就不会只是一名普通工人了！”

后来，这位爸爸还给小区里的其他工人们进行了一次演示，使得那些人都对我们蒙台梭利学校产生了兴趣。这些工人一起画了一幅画，上面有很多儿童，儿童中间有各种各样的几何图形。他们将这幅画作为毕业文凭交给了老师。

周围的一切物体和环境，都可以成为儿童进行触觉训练的教具和场所。

我们看到，儿童会站在漂亮的柱子或雕像面前静静地欣赏，他们有时还会闭上眼睛，用手触摸这些物体，凭触觉去感知它们的外形。

有一天，一位蒙台梭利学校的老师在教堂里看到了自己的两个学生。他们是兄弟俩，当时，这两个儿童正在欣赏支撑圣坛的小柱子。只见大一点儿的那个儿童慢慢地走到柱子跟前，伸出手去触摸它。之后，他将一旁的弟弟拉了过来，握住弟弟的手去触摸柱子，想让弟弟也感受到触摸柱子光滑外表的乐趣。可惜的是，就在这个时候，教堂的管理人员发现了他们，立刻走上前来把他们赶走了。

由此我们可以发现，儿童通过触摸物体的外形来识别物体，能够获得极大的满足和愉悦感。并且这一过程会极大地促进儿童的感知能力。

很多心理学家都提到过“立体感知”，指的是通过用手触摸物体的外形轮廓来识别物体外形的能力。

立体感知的能力不仅仅指触觉，还包括肌肉感知的能力。这是因为触觉只能帮助我们辨别物体的表面是粗糙的还是光滑的，而肌肉感知能力可以帮助我们识别物体的形状。在生活中，盲人就是靠“立体感知”，也就是用手来整体感知物体的表面和形状的。

3—6岁是儿童自身肌肉逐渐形成的阶段，正是因为这种肌肉知觉能力的逐渐增强，促使儿童可以进行“立体感知”的训练。

当儿童用手帕将自己的眼睛蒙住，通过双手的触摸来辨别诸如平板、螺栓、玉米粒等各种物体的外形时，就是在锻炼自己的立体感知能力。

很多物体都可以用来锻炼儿童的立体感知能力，例如小砖块、福禄贝尔立方体、弹球、硬币、豌豆等。儿童通过触摸，可以从混合在一起的物体中挑出相似的那些，然后将它们进行分类摆放。

我们也有一些类似的教具，如球体、棱柱、棱锥、圆锥、圆柱等几何立方体木块。让儿童最感兴趣的学习这些几何立方体的方法，就是让他们闭上眼睛或者用布蒙住眼睛，然后用手触摸来猜测拿在手里的几何立方体的名称。经过这样蒙住眼睛的训练，当儿童再次睁开眼睛时，对眼前的物体会更有兴趣。

让儿童对几何立方体产生兴趣还有一个方法，那就是让几何立方体动起来。例如球体可以朝四面八方滚动，圆柱体可以朝着一个方向滚动，圆锥体则能够绕着一个中心转动，棱柱、棱锥虽然不能滚动，但是也可以摇动或者推动。

我们在前面已经介绍了很多感官教具，接下来介绍新的教具，是一套可以发出声音的圆柱体，可以用来训练听觉。

这套教具由六个纸板圆柱体组成，这些圆柱体或是完全封闭的，或是有木头盖子的。圆柱体的内部装有不同材质的物体，因此当我们摇动不同的圆柱体时，它们就会发出不同的声音，从很大声到几乎没有声音，强度不一。

对儿童进行听觉训练需要准备两套这样的教具。开始训练时，先分别摇动各个圆柱体，让儿童辨识相同强度的声音，并将发出相同强度声音的圆柱体成对摆放好。接下来的训练是让儿童分辨不同强度的声音，并且将六个圆柱体根据声音的强弱排成一排。这就和前面的颜色板训练是类似的，先配对，再根据颜色深浅摆放教具。

进行训练之前，儿童先在桌子前，采用自己最舒服的姿势坐好。老师则需要为他们示范如何操作教具。接着，儿童就可以自己进行训练了。训练时蒙住儿童的双眼，可以让他们的注意力更加集中，有益于训练的顺利进行。

一开始，我们在罗马使用过另外一种听觉教具。这种教具没有办法从市场上买到，它是由两套乐钟组成的，有全音和半音的八度音阶。

这些金属乐钟按照颜色顺序放在一块长板上，板上涂有与乐钟的木基尺寸相同的黑白色格子，白色格子代表全音阶，黑色格子代表半音阶，就像钢琴的琴键一样。

虽然这些金属乐钟的外形相似，但发出的声音不同。它们按照doh、re、mi、fah、soh、lah、ti、doh的次序放在白色的格子上。当用小木槌依次敲击乐钟时，它们会发出不同的声音，即doh、re、mi、fah、soh、lah、ti、doh。

开始训练时，让儿童首先用木槌敲击已经按顺序摆放好的第一组乐钟的第一个音符（doh），然后让他敲击第二组乐钟。第二组乐钟没有半音符，而且它们是混乱地摆放在长板上的。通过逐个敲击第二组乐钟，儿童需要从中找出敲击第一组乐钟时发出的那个声音（doh）。

当他听到相对应的声音后，就要将第二组中敲出这个音符的乐钟与第一组的那个乐钟并排放在一起。

接着，儿童开始敲击第一组中的第二个乐钟（re），然后从第二组乐钟中，找出能够发出相同声音的那个乐钟（re），再将两个乐钟并排放好。

就这样，儿童以相同的方式敲击剩下的乐钟，并且将之两两并排摆放好，直到识别出所有的音符。我们还可以连续敲击第一组按顺序排列的乐钟，在敲击的过程中，也可以跟着哼唱出doh、re、mi、fah、soh、lah、ti、doh等音符，这样儿童就可以逐渐对各个音阶熟悉起来。如果儿童对这个发音顺序熟悉之后，可以把这8个乐钟的顺序打乱，再依次敲击它们，让儿童练习辨别不同的音符。通过一遍又一遍的训练，儿童最终会熟练地将自己敲击的乐钟按照doh、re、mi、fah、soh、lah、ti、doh的音节顺序排列好。5岁以上的儿童很喜欢这样的听觉训练。

事实上，听觉教具远远不止我提到的这些，还有可以引起共鸣的金属管、能发声的小木棒、弦乐器等。通过乐钟训练获得的听觉经验，儿童也可以分辨这些教具发出的音符。钢琴也是听觉教具，可以让儿童进行听音和辨音的训练。在用钢琴进行训练的过程中，儿童还可以培养节奏和乐感。通过提到的这些听觉训练，我们发现，木料的材质不同，发出的声音也会不同。

接下来，我要说到一个很重要的训练，即“静默训练”。静默训练是一个可以让儿童尽快注意到声音之间的特殊联系的教学方法。

静默训练与其他的听觉训练方法不同，它的特别之处在于，它不是制造各种声音，而是尽可能地消除周围环境中出现的各种声音。这种训练方法具有很好的实践效果，以至于在那些没有采用蒙台梭利教育体系的学校也得到了应用。

静默训练需要儿童做到“不动”，也就是说无论出于什么原因，他们都要抑制住自己的运动神经，真正做到“安静”。

在训练之前，老师不能只是靠嘴告诉儿童“安静地坐着，别动”，而是要教会儿童怎样控制自己的所有动作，这是非常重要的。老师要成为儿童的榜样，为他们示范什么才是真正的安静，如何才能保持双脚、胳膊、头等一动也不动地坐在那里，甚至连呼吸也要变得轻柔一些，避免发出任何声音。

要想让身体尽可能地保持不动，儿童需要找到一种令自己舒服且能保持身体平衡的姿势。这是静默训练最基本的条件。因此当儿童进行静默训练时，无论他坐在哪里，都必须让自己坐着舒服。

开始训练之后，周围会逐渐安静下来，这时房间里最好保持半明半暗的状态，也可以让儿童闭上双眼或是用手蒙住自己的眼睛。显而易见，儿童对于静默训练是很感兴趣的，他们会迅速进入沉思的状态，像是被下了一道秘咒。

慢慢地，儿童可以听到以前那些被忽视的、很轻微的声音，例如时钟的嘀嗒声、花园里麻雀的鸣叫声、蝴蝶飞舞时振动翅膀的声音，等等。周围又好像变成了充满声音的世界，然而这些声音并没有扰乱房间里的宁静。怎么解释这种感觉呢？好比繁星点缀了夜空却无法彻底驱走夜的黑暗一样。

这种感觉就像是发现了新的世界。以往，周遭的喧嚣压抑了心灵，而此时的宁静却让心灵得到了解脱，如花儿般自由地绽放。

通俗一点儿来说，当白天所有的喧嚣在日暮时归于宁静时，你是什么心情？在那一刻，我们对周围的感觉是敏感而强烈的，但是这种心情并不是在怀念白天，而是因为我们的心灵得到了舒展，心情变得富于变化且平静，就像但丁的诗中所描述的：

就在那个时候
水手们感觉到了一种渴望
他们的内心变得温柔了

静默训练的结束方式是老师逐个点出所有儿童的名字。老师或者其中一个儿童坐在教室的后面或是隔壁房间门口，用点名的方式，一个接一个地唤醒那些处于沉思状态的儿童。点名时的声音要尽量轻柔，不能太响亮。当儿童听到别人叫自己的名字时，必须站起来朝传出声音的方向走去，同样的要求，儿童走路时的动作要轻柔，尽量不弄出任何声音来。

通过静默训练，儿童对声音的感知能力会更强，而且克制能力也得到了锻炼。儿童已经感受到了“沉静之美”和“音乐之美”，因而会讨厌那些喧闹的声音。如此一来，他们也会控制和完善自己的行为，例如走路时动作更轻柔，避免自己碰到家具，搬动椅子时尽量不制造出噪声，摆放东西时更加小心谨慎等。

可见，静默训练可以让儿童的动作举止变得更加优雅。而且儿童之所以出现这种转变，不是为了做给别人看，而是因为他们的心灵更加宁静和愉悦。可以肯定地说，这样的教育效果，是其他任何教育方法都无法做到的，只有静默练习可以做到。由此，儿童也得以启发并形成集体精神、合作精神等社会精神。

试想一下，当五十多个儿童挤在一个小房间里时，如果他们每一个人都知道如何保持安静且愿意保持安静，那么整个房间就会是一片宁静。这时只要其中任何一个儿童制造了噪声，这种宁静就会被打破，房间立刻就变得吵闹起来。然而儿童的自我克制能力越强，他们就越不愿意打破这种宁静。为了实现使房间保持宁静的共同目标，很多儿童会克制住自己的各种冲动，例如拍打鼻子上的苍蝇、咳嗽或是打喷嚏等。**当儿童小心翼翼地进行工作，尽量避免因为自己动作粗鲁而弄出响声，影响到他人时，这就是集体精神的表现之一。**

在一个十分安静的环境里，儿童还需要培养良好的行为习惯，例如跑动时踮起脚尖，尽量做到轻盈而灵活；关闭橱柜或在桌子上摆放物体时，动作要缓慢而轻柔，表现得更加优雅、斯文，等等。在这种环境中，如果有一个人用脚后跟重重地走路或者用力地敲门，安静的氛围就会被破坏。因此，保持集体环境的安静，也体现了儿童的合作精神。

总结来说，通过以上这些介绍，我们可以将感官教具的特征概括为以下三点。

1.感官教具具有一致性，例如相似的教具可以进行配对，或者某些教具可以嵌入合适它的位置上。

2.感官教具具有对比性，也就是说有些教具可以进行对比，能够让儿童区分开来。

3.感官教具有相似性识别，即可以和相似的物体区分开来。

在儿童进行感官训练时，为了让他们能将注意力集中在当前的物体上，最好将儿童与外界环境隔离开来。比如，当儿童进行静默训练时，要保持教室内的安静；当儿童进行与视觉无关的感觉训练时，可将眼睛闭上或者用布将眼睛蒙住。

儿童使用感官教具进行感官训练的场景，也剪辑进了我们拍摄的教学电影里。如果学习过感官训练的人观看电影，他们会认可这些方法。

我建议教育者自己也做一下这些感官训练。经过训练后，教育者会明白哪些是儿童需要去感觉的，哪些困难是儿童需要去克服的。与此同时，教育者在亲自动手的过程中也能够了解这些训练究竟对儿童有多大的吸引力。

进行过感官训练的成人有一种深刻的感触：当眼睛被蒙上后，触觉和听觉会更为敏锐，感知周围事物的能力也会变得更强。光凭这一点，感官训练对于很多人来说就是足够有吸引力的。

通过语言学习认识世界

我们之所以对儿童进行感官训练以及相关的智力教育，目的就是培养并增强儿童的观察力和判断力，让他们可以对周围的世界形成更准确、更深入的了解，这样他们的头脑中就会充满“创造物”，而不是“混乱的东西”。

Chapter 10

人类的听力具有一种特殊的重要性，它与发音感觉器官之间的关系十分紧密。因此，**我们要训练儿童的听力，让他们学会倾听周围的声音，并且能够辨别不同声音之间的差别，为他们更清楚地倾听人的语言发音做好准备**。

当老师对儿童说话时，一定要吐字清晰、发音准确，即使是用很小的声音说话，也要注意这 点。

当我们对儿童进行感官训练时，会告诉他们各种感觉的名称，这是教他们练习发音的最好机会。不论是视觉、触觉，还是听觉训练，如果儿童能够分辨出不同物体或音符之间的差别，老师就应该及时用准确而清晰的词语将这种差别表达出来。

例如，当儿童用粉红塔进行视觉训练时，在儿童用粉红色积木搭建高塔之前，老师可以先拿起其中最大的和最小的积木，展示给儿童看。同时老师还要用语言告诉儿童，哪个积木是“大的”，哪个积木是“小的”，引导儿童将视觉与语言联系起来。

老师需要不断地重复自己的发音，“这个积木是大的、大的、大的……”“这个积木是小的、小的、小的……”

接着通过一个小测试，老师可以检查儿童是否真的理解了“大的”和“小的”这两个词语的含义和发音。老师可以对儿童说“请把大的积木拿给我”或者“请把小的积木拿给我”，看看儿童是否能够找出正确的积木。

一轮训练完成之后，可以休息一会儿再进行下一轮训练。

最后，老师可以再对儿童进行一次测试。

老师指着大的积木问：“这是什么样的？”如果儿童理解并掌握了“大的”和“小的”这两个词语的含义，就能准确地说出答案。

在测试的过程中，老师需要引导儿童尽可能清楚、准确地重复相应的词语。整个对话参考如下：

老师：请告诉我，这是什么样的？

儿童：大的。

老师：什么样的？

儿童：大的。

老师：大声地告诉我，这是什么样的？

儿童：大的。

在这里，“大的”和“小的”指的是积木尺寸的大小，形状上并没有任何的差异，也就是说，两个物体的三维比例是一样的。当两张图片上的物体比例相同而尺寸不同时，我们才将其中尺寸大一些的那个称为“大的”。例如，我们可以说房子

（house）是“大的”，而棚屋（hut）是“小的”。

除了大小，物体还有厚薄之分，这表明它们的截面不同而长度相同。我们也可以像教儿童区分“大的”和“小的”一样，利用棕色四方棱柱教儿童理解并区分“厚”和“薄”的概念。分三个步骤，即：

第一步：给物体命名，告诉儿童“这个积木是厚的”“这个积木是薄的”。

第二步：询问儿童并让他们识别，可以对儿童说“把厚的积木拿给我”“把薄的积木拿给我”。

第三步：引导儿童学会准确发音，例如问儿童“这个是什么样的”，让他们回答是“厚的”或者“薄的”。

在完成上面三个步骤之后，老师可以将这些棕色四方棱柱混合在一起，散乱地放在地毯上，然后对儿童说：“把最厚的那个递给我。”等到儿童将正确的棱柱挑出来之后，老师就将棱柱摆放在桌子上。如此重复这个过程，每次都让儿童从剩余的棱柱中找出最厚的那个，然后老师按顺序将儿童挑出来的这个棱柱摆放到之前的棱柱旁边。这样一来，儿童不仅对于词语的理解能力得到很大的提升，还学会了如何有次序地将物体摆放好。

如果最终物体只呈现出一维的变化，比如只有长度变化的木棒，就可以说这些物体是“长的”或“短的”；如果物体的高度有所变化，我们就说它们是“高的”或“矮的”；如果物体的宽度不一样，我们就说它们是“宽的”或“窄的”。

在长度、高度和宽度这三种变量中，我们将长度作为入门课程，采用三阶段教学法，引导儿童分别找出最长的和最短的，理解和辨别物体之间的长度差异。当儿童经过这样的训练之后，就可以准确地描述物体的长度。

有一次，老师在黑板上用很细的线条画格子。看到老师画的线条之后，一个儿童说：“这线条好小啊。”这时，另一个儿童立刻纠正道：“线条不是小的，是细的。”

在学习颜色或形状相关的词语时，老师不用过分强调两个极端物体的差异，例如最红的和最不红的。在教儿童此类词语的时候，老师可以同时告诉他们多个名称，例如红色、蓝色、黄色，或者三角形、正方形、圆形。

只有真的存在等级变化的情况下，老师才教儿童认识两个极端的概念词语，例如“深的”和“浅的”。此时，老师可以结合教具，让儿童理解什么（颜色）是“最深”的，什么（颜色）是“最浅”的。

我们拍摄的影片中展示了很多蒙台梭利课程的教学过程，如触摸几何图形插片，触摸粗糙或光滑的物体表面，踩线行走，颜色记忆，给积木和木棒命名，组合词语、书写、阅读等。

通过学习这些课程以及相关训练的进行，儿童可以学会很多词语，如大小、厚薄、长短、深浅、粗糙和光滑、轻重、冷热等，以及和颜色、形状相关的名词。到了这个阶段，儿童学习的词语都是和教具相关的，并没有涉及其他具体的物体。

儿童需要经过长时间的练习，才能掌握和理解这些词语。他们需要特别关注物体之间的差别，并通过比较和分析，形成自己的判断，最终获得辨别物体之间的差别的能力。

也就是说，**儿童经过这些训练，“提炼”出了自己的体验和感受，这使得他们对事物的观察和理解是清晰而彻底的。儿童自己改善和提升了自己。**

慢慢地，儿童就会发现自己所在的世界并不是毫无章法的，而是根据物体的不同变化分门别类的。这种分类不同于颜色的深浅、声音强度的大小，在这种分类下，每个事物都有自己区别于其他事物的名字。这意味着，儿童形成了观察力和判断力，可以将观察到的事物在头脑中分门别类地放置。

怎么理解呢？天文学家和天文爱好者同时用望远镜观察天体时，天文学家往往看得更清楚；植物学家和旅行者同时观察植物时，植物学家也往往看得更细致。这都是因为不同于天文爱好者和旅行者，天文学家和植物学家在头脑中对天体或植物进行了更为细致的分类，清楚地了解每一类天体或每一类植物的特征，所以能够更清楚地辨别每一个天体或每一种植物，并将其归类到合适的门类中。

我们之所以对儿童进行感官训练以及相关的智力教育，目的

就是培养并增强儿童的观察力和判断力，让他们可以对周围的世界形成更准确、更深入的了解，这样他们的头脑中就会充满“创造物”，而不是“混乱的东西”。在这个探索世界、建立有序认知的过程中，儿童也会收获极大的快乐。

成人要尊重儿童

枯燥和乏味的语言，会让儿童失去对学习的兴趣。老师的存在，就是要告诉儿童如何保持学习的热情。只有长时间地保持对学习的热情，儿童才能学好自己生存所需要的本领。

Chapter 11

儿童的成长如弹指一挥，其间我们常常会发现很多惊喜。实际上，在他们成长的过程中，我们成人应该适时给予指导和帮助，尤其是老师。老师应该尽力发挥自己的作用，帮助儿童克服成长过程中遇到的困难。但是，老师的指导需要很巧妙地进行，不能把自己的思想强加给儿童，也不能进行过多地干预，成为他们成长中的障碍。

枯燥和乏味的语言，会让儿童失去对学习的兴趣。老师的存在，就是要告诉儿童如何保持学习的热情。只有长时间地保持对学习的热情，儿童才能学好自己生存所需要的本领。同时在儿童学习的过程中，老师应该扮演旁观者的角色，尽量让儿童独立操作，给他们足够的自由和空间。当儿童学会了各种能力之后，他们就会按照自己的意愿创造属于自己的人生。

如果儿童的进步比较缓慢，我们成人要保持最大的耐心。如果儿童需要帮助，我们成人要给予他们积极的回应。

当儿童取得成功之后，他们内心会无比喜悦，进而激发出更多的兴趣和爱好。作为老师，只需要在旁边静静地观察，耐心等待儿童随时会给我们带来的快乐。

我们成人在认真做事时，希望得到别人的尊重，不希望受到干扰，儿童也是一样。因此，成人与儿童在一起时，应该做到像对待自己或者其他成人一样，这是最基本的教育准则。

儿童是简单而纯净的，他们渴望拥有自己的空间，也渴望遇到困难时能够得到帮助。自由和尊重就是儿童的真实需求。可是在实际生活中，很多家长或者老师会强迫儿童接受自己的要求和命令，企图在儿童面前塑造权威者的形象。

可以说，我们从来没有真正地了解过儿童的内心世界。其实，儿童是渴望与成人亲近的。为了缩短与我们之间的距离，儿童会模仿我们的行为，这是他们对我们的爱的表现。遗憾的是，在成人看来，儿童的这些行为显得十分幼稚。

我们又为儿童做了什么呢？我们应该认真地对待他们、关爱他们。由于儿童无法表达自己的需求，而且他们的需求常常深埋于内心，所以我们必须认真地研究孩子的行为，以便了解他们的真实需求。

我们需要明白的是，儿童对于这个世界还一无所知，他们都是在内心生命的指引下做出某些行为的。请放手让他们自由地成长吧！我们只要耐心地观察他们的成长过程就可以了，这是父母和老师能做到的所有事情。

自然教育

人是属于自然的，尤其在童年时期，儿童需要从自然中汲取成长必需的力量，才能促进自身的发展。

Chapter 12

人可以从社会生活中获得快乐，并感受他们的关爱。但是不管怎样，**人是属于自然的，尤其在童年时期，儿童需要从自然中汲取成长必需的力量，才能促进自身的发展**。

人与大自然一直保持着天然的联系。在我们教育儿童的过程中，不要忘了，儿童是属于大自然的，他们仍然保有生命初期的生物性。出于这个原因，我们必须把自然教育作为儿童教育工作的很重要的一个部分。

在儿童之家，让儿童在饲养动物、种植植物的过程中接受自然的教育。我们会让儿童在户外或者公园里活动，允许他们半裸着身体在海边晒太阳，让他们与动物和植物进行更亲密的接触。

儿童的生理成长需要借助大自然的力量，同样，他们的精神成长也需要从大自然中汲取养分。让儿童经常沐浴在大自然中，是让他们健康成长的最好方法。大自然中的阳光、各种生物、美丽的山水等，都对儿童的成长有很大的帮助作用。

英国的莱特夫人也设计了与我们的自然教育类似的教育方法，并将它作为儿童教育的基础，那就是通过园林学和园艺学对儿童进行教育。

我在巴黎也看到过一些身体有缺陷的大儿童做农活。老师会引导他们在“小园地”里种植农作物，从而了解怎么播种、农作物的生长周期，怎么耕种和施肥等。在这些学校里，老师还会让儿童种植一些具有观赏性的植物，等到这些儿童到了该就业的年纪，就可以通过园艺劳动获得可观的收入。

我们参考同行的做法，在儿童之家也开辟了饲养动物的场所和种植植物的园地。例如在罗马创建的第一个儿童之家，我们留出了一个宽敞的院子，让儿童可以在这里玩耍，也可以种植植物。

我们在这个院子的一侧种了几棵树，另一边则划分为一块块小的园地，供儿童种植植物。院子的中间是一条小路，正好将两边的空间区隔开来。

白天的时候，年纪小一点儿的儿童会在院子里跑来跑去，或者躲在树荫下乘凉；年纪大一些的儿童（一般是4岁以上）则会到自己的专属园地上，种种菜、锄锄地、浇浇水，或者看看土壤的情况。

关于这块种植园地，还有一件趣事：那块地的边上是居民的住宅楼，由于那里通向一条死胡同，平常并不引人注目。在这块园地没有被开辟出来之前，楼上的住户偶尔会从窗口扔出一些垃圾，正好掉在那块地上。等到儿童在那里种了植物之后，在没有人劝说的情况下，那栋楼的居民再也没有从窗口扔过垃圾了，这可能是因为他们尊重儿童的劳动成果吧。不仅如此，那些居民还经常向劳作的儿童投来亲切的、赞许的目光。

在米兰的儿童之家，那里的儿童饲养了一些小动物。在这些动物中，有一对美国小白鸡。儿童为这两只小白鸡搭建了一个小巧、可爱鸡舍，就像中国的宝塔。鸡舍的前面还有一块空地，周围竖起了篱笆，这样小白鸡就有了一块专属的游戏基地。那些儿童会轮流照顾小白鸡：白天送去水和食物，精心照料它们；晚上负责锁好鸡舍的门。

那里的老师告诉我，饲养动物是所有教育练习中最受儿童欢迎的。当儿童在教室里完成自己的工作之后，常常会偷偷地溜出去，看看自己养的小动物是不是需要什么。如果老师发现哪个儿童没在教室里了，准能在饲养动物的地方找到他。有时候等老师找过来，会发现那个溜出教室的儿童正趴在水池边，全神贯注地看着水里的小鱼儿游来游去呢。

那些受到儿童精心照顾的小动物，也会给儿童带来丰厚的回报，例如鸽子会孵出一窝小鸽子，老母鸡会生下热乎乎的鸡蛋，母兔会生出可爱的小兔子，等等。

通过养这些动物和植物，儿童的生命和动植物的生命之间产生了紧密的连接，这样一来，儿童的情感会更丰富，他们的耐心和爱心会从中培养出来，对大自然的感情也会变得更深厚。

一天，米兰儿童之家的一位老师给我写了一封信。这位老师的来信充满了喜悦之情，她告诉我一个好消息：小鸽子孵出来了。对于儿童来说，这个惊喜不亚于节日里收到的礼物。

在饲养小动物的过程中，儿童会产生一种想法，他们甚至认为自己是这些动物的父母，因而照料和喂养起来会更加精心。儿童对于动物的这种情感没有任何奖赏能比得上。

和饲养动物一样，儿童也会从种植植物的过程中收获很多快乐，而且会形成很多优良的品质。他们每天都会给自己种的植物浇水、施肥、培土，耐心地等待种子发芽、长大，然后开花、结果。在等待和观察植物生长的过程中，会启发并促成儿童的耐心和责任感，他们会无比爱惜这些小生命。

通过自然教育，儿童的精神生命得到了滋养和哺育，进而会帮助他们塑造美好的品性。而且对于儿童的辛勤劳动，大自然也会给予丰厚的回报。可以说，自然教育会激发出儿童对大自然和生命更多的热爱，促进个体的发展与人类整体的发展协调一致，使人类和大自然更加和谐地相处。

学习书写

真正的阅读是能够从书写的单词中获得概念。阅读是为了理解和接受他人传递给我们的语言信息。当儿童看到某个单词，能够认出并说出这个单词的含义时，我们才认为他具有阅读的能力了。

Chapter 13

儿童在4岁左右可以完成前文所说的生活实践训练、感官训练和运动神经训练，在此之后，他们就可以向另一个新的境界迈进。

相同的教育环境为儿童提供了成长必需的手段和措施，他们的基础基本相同。但是这些儿童在各种训练和手工活动中，协调了自己的肢体，并获得了主动适应环境的能力，有了一定的独立性，成为一个可以自理的小大人。这样一来，他们就形成了不同的个性，再加上“天性”不同，导致他们的性格和智力水平也表现出明显的差别。

有些活动可以让儿童的身体和动作变得更加轻盈而优雅，例如，更加小心地使用易碎品而不打碎它们，移动重物时不发出令人讨厌的响声等。

还有一些活动可以唤醒儿童的责任感，从而促使他们要求自己的动作更为完美。比如，当儿童拿着三四个大玻璃杯或端着一碗热汤时，他知道自己要小心一点儿，不但要对手里的器物负责，而且不能毁了那顿饭。

保持环境的安静，也会让儿童的责任感从心里喷涌而出，他们会努力发扬集体精神，避免发出一点儿噪音。在这种时候，儿童已经学会自我控制了。

以上这些结果，都源于儿童在各种训练的过程中，精神世界也得到了发展和完善。我们的教具无法为儿童提供精神方面的教育，但是教具能为儿童提供精神内容的组织秩序。儿童通过使用教具训练获得了很多经验，这些经验会引领他们观察身边的环境，并将观察到的内容按照一定的类别，有序地存放在自己的大脑里。

这一过程令儿童兴趣盎然，他们会很乐意将接触到的事物进行分类，最终在大脑中形成大量且有序的精神内容。接着他们就可以使用准确的词语，明确大脑中的概念，这些概念并不是指单个的物体，而是代表着某种秩序或者说某种类别。

例如，通过感官训练，儿童认识了“红色”，这个概念不仅代表颜色板的红，还包括了自然界中的所有红色。同样的道理，“三角形”这个概念也是指环境中所有形状相似的事物。

这样，儿童的心里仿佛住了一个向导，可以引导他积极地探索周围的环境，而不至于因为闯入某些未知的领域而迷失了方向。这种方式可以促使儿童“发现自己”。

尽管有的儿童可以在几天甚至更短的时间内学会书写和初步的计算，但是他们并不是天生就具备这些能力的。

当儿童还没有做好准备的时候，我们是不会让他们书写的，也不会期待什么“奇迹”的出现。只有当儿童做好了准备，他的意识和小小的双手已经经过了训练，具备了书写和计算的基础——对数量、等级、相似和差异等概念都有所了解时，他们就会迫切地想学习新的本领——用自己的双手进行书写。

有人认为，我们前面提到的所有教育，都是为了迎接人类文明的第一阶段，也就是在为书写和计算做准备。因为如果儿童掌握了这两种本领，就会很容易地进行自主学习并掌握各种知识。

我们之所以学习词语，是为了明确大脑中的概念，可以促使我们对事物形成基础的理解；而我们之所以学习书写和算术，则是为了明确内心意识收获的东西，而这些东西会随着观察的深入而不断丰富。

前面的所有训练都是在间接地为儿童学习书写做准备。在各种感觉训练的过程中，儿童的手和脑会配合得更加默契、协调。例如，当儿童用手轻轻地触摸物体或粗糙或光滑的表面时，当儿童用手将圆柱体插件插入插孔里时，当儿童用手指触摸几何图形插件的轮廓时……他们的动作会越来越协调。

书写是手部动作协调的艺术，而此时，儿童的小手显然已经做好准备了，他们急不可耐地想去从事这项迷人的艺术工作。

此外，我们让儿童进行了和书写相关的直接准备工作，即手的动作训练。这是两套不同的训练。

当我们写字时，有些动作是为了控制书写工具，而这种动作往往带有一定的个人特点，由此使我们可以通过笔迹来认出鉴别人的具体身份或者其他特殊的情况。例如，医生可以根据笔迹的变化来追踪病人神经系统的某些病变，笔迹专家也可以通过笔迹来了解一个人的精神特征。

此外，书写的另一个特征就是会使用字母符号系统。

结合了以上两方面的内容，即控制书写工具和使用字母符号，我们可以进行两种截然不同的训练。

训练中会用到的教具是两块有浅槽的木板，每块木板上都有5个粉色的方形金属框架，每个金属框架中还有一个蓝色的几何图形插片，几何图形插片中间有一个小圆顶把手，可以方便我们拿起来。

这套教具还有配套的工具，一盒彩笔和一本图画册。彩笔一共有10支，图画册则是我们经过了5年的观察而精心准备的。

我们划分了不同的难度等级，可以根据儿童的不同情况和其所处的不同阶段，来合理使用这套教具。

训练时，我们首先将两块带有浅槽的木板并排摆放在一起。由于每块木板上都有5个金属框架，那么就有10个金属框架了，它们处于一条直线上。

接下来，我们发给每个儿童一张白纸和一盒彩笔，让他们从10个金属框架中选择一个，然后进行下面的训练。

将方形金属框架放在白纸上，一只手压紧金属框架，另一只手拿着彩笔，沿框架中间几何图形的内缘轮廓线开始描画。这个步骤对于儿童来说并不是陌生的，他们在前面的触觉训练中已经进行过类似的训练。与之有所不同的是，儿童在前面的训练中是用手指触摸几何形状的轮廓线，而在这里是用彩笔描画。儿童在描画轮廓的过程中，形成了自己手的运动轨迹。

儿童会发现，这种训练很容易，也充满了趣味。他们画完一个图形的轮廓之后，就会把蓝色几何图形插片放到上面。这种动作与前面的训练中把几何图形插片放到第三组卡片上的动作如出一辙。

接着，儿童会拿起另一种颜色的彩笔，沿着蓝色几何图形插片的外轮廓描画。然后当儿童把蓝色的插片拿起来时，就会看到白纸上出现了由两个不同颜色的轮廓线描绘而成的几何图形。这两种彩笔的颜色是我们细心挑选的，用它们画出来的图形色彩都十分吸引人，因此这些进行过颜色相关的视觉训练的儿童会对这种训练产生浓厚的兴趣。

在这些训练的过程中，每一个环节都很重要。

例如，如果老师在训练之前没有为儿童示范将10个金属框架排成一排，而是直接将它们分发给儿童去描画，那么训练的效果就会大打折扣。为什么呢？因为如果将10个金属框架排成一排，呈现在儿童面前，就可能激发儿童想将这些轮廓都画出来的愿望，促使他们主动地多次训练。

我们再说用两种颜色的彩笔画出的图形，它会激发儿童再用其他的颜色描画的欲望，促使他们一遍又一遍地进行训练。换句话说，不同的物品和丰富的颜色会促进儿童进行工作，这也是他们最终可以完成训练的原因。

事实上，这就是初步的书写训练。当儿童用两种颜色的笔描画出一个图形轮廓之后，接着就会用铅笔点点画画，直到填满轮廓中间的所有空白。

儿童刚开始训练时，他们的小手还很笨拙，经常无法按照图形的轮廓顺畅地描画，不仅画出来的线条粗细不均，而且里外两层线条也不是平行的。但是随着训练次数的增多，儿童的描画技巧会越来越好，描画出来的线条不仅粗细均匀，内外两层线条也趋于平行。最终，每个儿童都会描画出很多作品。对于自己的作品，儿童都很爱惜，他们会将这些作品放进属于自己的抽屉里，小心地珍藏起来。

在这样的训练过程中，儿童可以使自己的书写动作更加协调，锻炼自己自如地控制手中的笔的能力。如果不采取这样的训练方法，而是直接教儿童书写，整个过程就会显得单调乏味，无法激起儿童学习的兴趣。

描画轮廓是最基础的训练，比较粗糙且不完善。当儿童学会了描画轮廓之后，还可以对图画册中的图案进行填画的练习。

儿童需要按照图画册中排列好的图案顺序依次进行训练。他们需要先将图案撕下来，再用彩色铅笔填画图案。

在填画图案时，儿童不仅要自己挑选颜色，也需要充分发挥智慧，他们对此兴趣盎然。在整个训练的过程中，儿童会不断地挑选出各种不同深浅颜色的画笔，然后搭配着画出颜色丰富的图案。图案的数量是没有限制的，儿童经常会用另一种颜色的笔再次描摹已经填画过的图案轮廓。

下一步是色彩感知训练，儿童会用水彩笔描画同样的图案。他们会将各种不同颜色的水彩颜料混合起来，仿造出一些接近自然的颜色，或者是创造出他们想象中的颜色。在混合水彩的过程中，儿童的手部也会得到锻炼。

儿童会一页又一页地描画，先画出一些正方形、三角形、圆形或者梯形的轮廓，再在这些轮廓中涂满红色、橘色、绿色、蓝色、浅蓝色、粉红色等。一开始，儿童使用的颜色很丰富，但是渐渐地，他们会开始想让自己填画的图案更接近真实物体的颜色，更多地使用深蓝色或棕色模拟出金属物体的轮廓。有的儿童还会仿造金属插片上的把手，在几何图案的中心画一个橘色的圆环。当在纸上用画笔准确地复制出真实的物体之后，他们就会像艺术家创造了一幅满意的作品一样，露出十分高兴而自豪的表情。

色彩感知在儿童的成长过程中十分重要，具有调节作用，可以促使儿童书写出更加强劲有力、优雅美观的字体。填画图案的练习可以从多方面限制儿童描画时每一笔的长度。而且不论什么图案，对于其中每个细小的空间，儿童都必须将它们填满。通过这样的训练，儿童的手部能力得到锻炼，使得他们不仅可以胜任日常生活中的各种活动，还能在各种限制条件下进行活动。

种种训练都是在为儿童书写各种字体做准备。

说到这里，我们有一套为书写字母训练而准备的教具。这套教具是一些字母卡片，它们分别装在一些盒子里，可以让儿童通过触摸卡片上字母的轮廓进行书写训练。

这些卡片是怎么制作出来的呢？我们先是用砂纸剪出字母的轮廓，然后将它们贴在边长约20厘米的光滑的正方形纸片上，一个字母贴一张纸片，也就是说，每个字母都是独立的。对于字母，我们还做了区分，元音字母是用浅色的砂纸剪出来的，贴在黑色的卡片上，辅音字母则是用黑色砂纸剪出来的，贴在白色卡片上。除了单个的字母卡片，我们还将形状相似的几个字母贴在一张大卡片上，由此制作了几组不同字母组合的大卡片。

在用砂纸剪出字母时，我们遵照了书写体的轮廓，这样可以促使儿童以后的书写动作更加自然。印刷体的线条不如书写体流畅，不适合让儿童用手触摸。而且书写体能使儿童的手和心智间产生更自然的连接，方便儿童记忆。

训练之前，老师需要为儿童做个示范，告诉他们怎么去触摸这些字母卡片。老师伸出右手，并将食指和中指并拢起来触摸字母，然后沿着字母的笔顺缓慢地移动手指。老师要注意让儿童看清楚自己的动作。

接下来就轮到儿童进行训练了。当他们触摸字母时，就像真的在写字一样，沿着字母的笔顺移动手指指尖。有时候，儿童会过于用力地触摸字母，老师则要引导他们将手指放松，动作更轻巧一些，就像是给字母饶痒痒一样。

如果儿童此前进行过大量触摸几何图形的训练，那么他们现在进行触摸字母的训练时就会十分轻松。而如果儿童此前没有做过那样的练习，那么他们触摸字母时就容易发生偏离，动作也会不够精准。如果儿童在触摸字母时，手指的移动轨迹偏离了字母的轮廓，就会摸到光滑的纸片。这是一种出现错误的提示，会促使儿童及时纠正自己的动作。

在用手指触摸砂纸字母的过程中，儿童不仅能收获快乐，还能通过肌肉记忆而记住纸上的字母符号。

当儿童触摸字母的时候，老师可以读出字母的读音，采取前面提到过的三阶段教学法教儿童认识字母。

例如，老师先拿出两个元音字母i和o。

第一步，在儿童触摸这两个字母的同时，老师念出它们的读音，并且重复地发出“i、i、i”或“o、o、o”的声音。

第二步，老师对儿童说“请给我字母i”或“请给我字母o”。

第三步，老师拿起其中一张字母卡片，询问儿童“这是什么字母？”如果儿童已经认识了字母，就会回答是“i”或“o”。

老师可以用相同的方法教儿童认识其他所有的字母。要注意的是，老师教儿童学习辅音字母时，不必教字母的名称，只需要教发音即可。

在整个训练的过程中，不管是小卡片上的单个字母，还是大卡片上的一组字母，儿童都会一次又一次地触摸。通过反复的触摸，儿童熟练了书写字母符号的基本动作，也记住了字母的直观形象。

为了帮助儿童掌握字母笔顺的方向，我们还设计了一些游戏，如让儿童凭借想象用手指在空中描画字母，或者让他们闭着眼睛触摸卡片上的字母。

这些训练使得儿童不仅为书写，也为阅读做好了准备。因为儿童在触摸字母时，不仅会感受到字母的外形，还会掌握和书写相关的运动，同时当儿童用眼睛观察这些字母时，也是在阅读字母。至此，儿童已经为书写进行了必要的准备。

要强调的是，这样的训练最好让儿童分开进行，也就是每个儿童单独进行，这样的话，每个儿童都有充足的时间去感受字母的魅力。

字母卡片适用于处于触摸和声音敏感期的儿童，有的教育家想在一些年龄较大的儿童身上也使用这种教育方法，但现实情况是，对于4岁以后的儿童来说，这种方法并没有太大的作用。

从严格意义上来说，我们对儿童进行的书写训练，是通过利用不同的身体感觉来实现的，如肌肉感觉、触觉、视觉和听觉等。

例如，让儿童练习控制书写工具，可以加强儿童运笔时的肌肉感觉。当儿童用手指触摸卡片上的砂纸字母并跟着笔顺描画时，需要运用到自己的肌肉感觉。他们的手指沿着字母的笔顺而移动时，就利用肌肉感觉加深了对字母的记忆。儿童用自己的手去触摸字母，就利用了触觉。触觉和肌肉感觉一起发挥作用，加强了儿童对字母的记忆。所谓运用视觉，就是儿童用眼睛观察字母的形象；听觉则是指儿童听老师发出字母时的读音，并且自己也练习字母的发音。

当老师为儿童展示了一个字母时，儿童就会触摸、描画、观察和发音，也就是运用触觉、肌肉感觉、视觉和听觉等各种身体感官去学习字母。通过多种感官参与学习书写的过程，的确可以达到不错的效果。

儿童的感觉是很敏感的，其中肌肉感觉最敏感也最容易形成记忆。对于儿童来说，只是单纯地运用一种感觉，如与其通过视觉观察字母的形象来记忆，不如运用多种感觉学习，后者也更节省时间。

当儿童聆听老师读出字母的发音时，听觉也得到了锻炼，这对于他们学习语言会起到很重要的促进作用。只有具备敏锐的听觉，能够听到别人正确的发音，儿童才能更好地学习语言。

需要提醒老师的是，如果儿童在学习字母的过程中犯了错，不要立刻指出或者纠正他，而是应该引导儿童加强感觉训练。

举个例子，当老师说“请给我字母i”或“请给我字母o”时，如果儿童无法拿出正确的字母卡片，说明他还不认识这两个字母。这个时候，老师就要引导儿童触摸并描画这两个字母，以便加深他的记忆。如果经过触摸和描画，当老师第二次询问时，儿童依然认不出来，那就先结束这一次的教学，过几天后再重新开始。也就是说，如果儿童在训练时的反应不积极，老师就应该暂停训练，不要强迫性地坚持教学。

通过这种训练方式，我们可以教会儿童书写，也可以教会他们阅读以及表达。当我们为儿童展示一个字母并读出它的发音时，儿童就可以利用视觉、肌肉感觉、触觉和听觉强化对字母的记忆，同时也将字母的发音和字母的符号形象联系起来了。

当儿童观察并认出这个字母时，他们是在阅读；当儿童触摸并描画字母时，他们是在书写。在这种训练的过程中，儿童将两种能力合并了，但是未来这两种能力还会分离，进而发展成书写和阅读两种不同的活动。此外，老师反复为儿童读出字母的发音，也会促进儿童口头语言表达能力的发展。

还有一点要说明的是，我们要把握好对儿童进行认识字母和书写教学的时机。怎么做到呢？就是当发现儿童对某个字母产生了好奇后，我们就应该抓住时机，教他们认识并书写这个字母。

举个例子，我们随意说出一个单词，如果儿童对其中某个辅音字母很感兴趣，那么我们就应该立刻教他认识这个字母。抓住儿童的兴趣，随机进行教学，这种方法比任何其他教学方法都有效。

对于儿童来说，有些字母是新事物，而且每一个字母的发音都不相同，充满了神秘感，这可以激发他们的兴趣。正是凭借这种浓厚的兴趣，儿童学起字母来就会更容易，也更轻松。因此，儿童产生兴趣的时候就是我们进行字母教学的好时机。

有一天，我站在阳台上看着儿童在自由活动。我身边站着一个两岁半的小男孩，是他的母亲委托我暂时照看他的。

我们旁边的椅子上摆放着字母卡片教具，这些字母卡片混乱地放在一起。我将这些卡片整理好放回盒子里，然后把装有字母的盒子放在附近的一把小椅子上面。当我做这些事情的时候，旁边的小男孩一直看着。当看到我整理完卡片并放好盒子之后，这个小男孩走到盒子旁边，用手拿起盒子里的一个字母卡片，是f。

就在这个时候，几个年龄大一些的儿童排成一队从我们身边跑过去。这几个儿童看到了小男孩手中拿的字母卡片，他们齐声念出了它的发音。

小男孩并没有注意到路过的儿童，他放下字母f的卡片，又拿起了另外一个字母卡片，是r。这时，那一队儿童恰巧又跑了过来。他们又看到了小男孩手里的字母卡片，一边笑一边大声地念出读音："r、r、r！ r、r、r！"

这时小男孩开始明白，只要他拿起一个字母卡片，那些路过的儿童就会发出相应字母的读音。意识到这一点，小男孩很高兴。

我想看看这个小男孩能玩多久这个游戏，便一直在旁边观察他。最后我发现，他竟然玩了45分钟！那些大一点儿的儿童也对小男孩产生了兴趣，他们跑过来围住小男孩，只要小男孩拿起一张字母卡片，他们就会整齐地发出卡片上字母的读音。在这个过程中，小男孩不时地流露出惊奇的表情，而那些大儿童觉得小男孩的反应十分有趣。

小男孩一次又一次地拿起字母f的卡片，他也一次又一次地听到周围的大孩子们发出了相同的读音。如此反复多次之后，当小男孩再拿起字母f的卡片时，他竟对着我念道：“f、f、f！”我也笑着回应他：“f、f、f！”

这种现象说明，尽管这个两岁半的小男孩听到了一堆混乱的字母发音，但是他记住了字母f，并且学会了这个发音。可见，这个最先吸引那些年龄大点儿的儿童的注意力的字母，也给这个小男孩留下了十分深刻的印象。

当儿童认识了很多单个的字母之后，接下来就可以接受用字母组词的训练了。

进行这个训练时我们会使用一组活动的字母作为教具。这些活动字母的形状和大小与前面提到的用砂纸剪出来的字母是一样的。不一样的是，活动字母是用硬纸板剪裁而成的，它们是单个独立的纸板，不需要粘贴到纸片或者其他物体上。也就是说，儿童可以自由地使用这些字母，随意地将它们摆放在任何自己想放的位置上。

每一个字母我们都做了好几个纸板。我们还做了一些有隔间的特殊盒子，用来放这些活动字母。根据字母的大小，我们将盒子里的隔间也做成了大小不等的样子。在每个隔间的底面上，还粘有一个黑色的字母，它们是固定的，无法用手拿起来。这样做是为了儿童可以方便地找到字母所在的位置，及时地将这些字母纸板整理好。

对于这些活动字母纸板，我们将元音字母涂成了蓝色，辅音字母涂成了红色。

当儿童学习单词时，比如意大利语，只要老师清晰地发出组成单词的不同字母的读音，儿童就可以凭听觉将单词中的字母一个个地找出来。比如老师发出“m-a-n-o”的读音，儿童就会找出与每个读音对应的活动字母纸板，并且将它们依次摆放好，最终组成一个完整的单词。经过一段时间的训练，儿童就能用自己想出的单词做很多相似的训练了。

通过听读音再摆放纸板的方式拼出单词，儿童也能知道这个单词应该怎么发音。所以，这种方法既可以引导儿童学习写字，也可以引导他们学习阅读。

只要儿童认识了 部分元音字母和辅音字母，我们就可以对他们进行拼写单词的训练了。我们可以在儿童面前放上装有活动字母纸板的大盒子，让他们自由地使用这些教具。

例如，老师可以先读出一个单词，如“妈妈（mama）”，发音要清晰，尤其是辅音字母“m”要读得清楚一些。老师可以重复几次“m”的发音。这时，儿童通常会立刻拿起字母“m”的纸板，并且将它摆放在桌子上。

老师继续发出“ma-ma”的声音，那么儿童会接着拿起字母“a”的活板，放在“m”的后面。这样一个字母接一个字母地发音，儿童慢慢就会将整个音节都拼读出来，并且在桌上摆出了一个完整的单词。不过，虽然儿童此时拼出了字形，但是他们自己读这个单词还不太容易。在这样的情况下，我们可以和儿童一起多读几次这个单词。当我们读的时候，一定要特别注意发音清晰。一旦儿童弄清楚了这几个步骤，他们就会主动地进行训练了。

我们可以给孩子们读任何单词，注意发音要清楚，让儿童明白是哪些字母组成了这个单词，这样的话，他们就会根据发音分辨出其中的字母，并从教具中找出相应的纸板摆放好。

在进行这些训练时，儿童的行为和表情都很有趣。我们经常会看到，儿童专心致志地坐在那里，眼睛一眨也不眨地盯着装字母纸板的盒子，嘴唇一上一下地张合，只不过嘴巴变化的幅度非常小，需要我们仔细观察才能发现。

儿童会按照单词的组合顺序，依次从盒子里拿出所需的字母纸板，他们很少会犯拼写错误。而儿童一边拿字母纸板一边用嘴巴重复单词，则将单词的发音转化成了视觉上的形象记忆。

只要发音清楚，儿童几乎可以拼出任何单词。但是我们建议在训练的过程中，老师只读那些儿童熟悉的单词，这是因为使用熟悉的单词，可以加强儿童对和单词有关概念的理解。

而且熟悉的单词会促使儿童自发地重复朗读。这种训练对于儿童来说十分重要，能够帮助他们分析、完善并强化口头表达，同时也让他们意识到，发音一定要清晰有力。通过这种训练，儿童可以将听到的字母发音与看到的字母形象结合起来，为日后将单词准确地拼写出来打下基础。

而且这种训练也可以促进儿童智力的发育。将老师读的单词拼写出来，这是儿童面临的挑战，因此他们必须记住字母的形象，选择相应的字母纸板，并按正确的顺序排列出来，才能给出答案。当儿童反复读出单词的发音时，他们也就有了解题的办法。

如果别人看到儿童用字母纸板拼出来的单词，并且读了出来，儿童心里会产生一种满足感和自豪感，这是对他们努力工作的一种奖赏。通过这样的方式与他人进行交流，会给儿童留下深刻的印象。

当儿童可以拼出来老师读的所有单词之后，我们可以换一种方式让儿童进行不同的训练。

将所有的字母活板整齐地摆放在特制的盒子里，然后让儿童自己选择字母进行组词训练。

在这种训练的过程中，我们会发现，当儿童听到某个单词时，其心灵的“眼睛”可以“看到”组成单词需要的所有字母，然后再将它们按正确的顺序排列好。也就是说，儿童具有一种“心灵的视觉”，这是一种十分特别的出人意料的能力。举两个例子。

有一次，一个4岁的小男孩独自在阳台上，他一边跑一边念叨：“为了拼出zaira，我必须有字母z、a、i、r、a。”

还有一次，迪多纳托教授来参观儿童之家，告诉一个4岁的儿童自己叫什么名字。接着，这个儿童就开始拼写迪多纳托教授的名字。

起初，这个儿童用字母纸板拼出了“diton”。这时，迪多纳托教授重复了一遍自己的名字——“didonato”。听到教授的发音，这个儿童并没有立刻打乱已拼好的字母，而是将音节“to”拿起来放到一边，然后在空出来的地方放上字母“do”。接着他在字母“n”的后面放上字母“a”，又把刚才放到一边的音节“to”拿过来放在了后面。这样，表示教授名字的单词就拼好了。一个4岁的儿童可以做到这样，这令我们所有在场的人都感到很惊讶。

那么，为什么儿童具有这种非凡的能力呢？这是因为通过重复的自发的训练，他们的头脑变得十分具有条理性。

进行了这些拼写训练之后，儿童就可以拼写单词了。之前从没有用笔写过字的儿童，现在则会拼写好几个单词。而且一旦学会之后，他们就会不停地进行拼写训练，不断完善和提高自己。这是一种自然现象，就像儿童说出第一个单词之后就会继续讲话一样，他们迈出了第一步，就会继续走下去。

很自然地，当儿童学会了书写之后，接下来就要发展阅读的能力了。

通常我们会分开训练儿童的阅读能力和书写能力，因为阅读活动和书写活动有时并不是同时进行的。一般认为，儿童是先学会阅读，再学会书写。在儿童之家，情况却恰恰相反。

在我的观念里，儿童可以检查自己拼写出来的单词，并不是真正的阅读，这只不过表明他们可以将看到的字母形象转化成声音。

我认为，真正的阅读是能够从书写的单词中获得概念。也就是说，阅读是为了理解和接受他人传递给我们的语言信息。当儿童看到某个单词，能够认出并说出这个单词的含义时，我们才认为他具有阅读的能力了。

阅读是一种智力型活动。书写训练让儿童了解了单词的构成，使得儿童知道如何拼写单词以及准确地发音，这其实为其阅读能力的形成和发展打下了基础，降低了他们直接进行阅读训练的难度。

当我们教儿童阅读时，也会用到一些卡片类的教具，这些卡片上都写有大而清晰的单词。为什么不使用所谓的启蒙读物来对儿童进行阅读训练呢？因为我们认为那些启蒙读物并不适合没有阅读基础的儿童。

所有卡片上的单词都是儿童熟悉且说过很多遍的，而且它们都代表着实际存在的事物，这样一来，儿童学习阅读这些词时就会产生很直观的联想，学习过程变得更容易、更方便。在训练的过程中，我们也会用到一些儿童之家里常见的玩具或实物，这会增加训练的趣味性。

我们从教儿童读物品的名称开始训练。无论代表物品名称的单词是简单的还是复杂的，对儿童来说都是可以接受的，因为他们通过之前的训练已经掌握了拼读单词的方法。

首先，让儿童训练习读出单词。当他们读这个单词的时候，还要将写有这个单词的卡片放在相应的物品上面。通常，我们会以游戏的方式来进行这样的训练。例如，我们会在桌子上放一些玩具，然后将写有这些玩具名称的卡片放在一个篮子里，接着我们让每个儿童从篮子里抽出一张卡片，让他们阅读卡片上玩具的名称。注意，这种阅读不必发出声音。

如果儿童能够阅读并理解自己抽到的卡片上的名称，而且指出了正确的玩具，那么他就可以用卡片换取相应的玩具，赢得一次玩玩具的机会。

当这个游戏玩了一轮之后，有一部分儿童的手里会拿着玩具。这时，老师可以将第一个拿到玩具的儿童再次叫到身边，让他再从另一个篮子里抽出一张卡片，阅读卡片上的单词。

这一次，卡片上写的不是玩具的名称，而是在上一轮游戏中不会阅读的儿童的名字，他们没有拿到玩具。当第一个拿到玩具的儿童读出卡片上的名字后，就需要将自己手上的玩具送给他抽到的这个伙伴。

这种阅读游戏在儿童中很受欢迎，哪怕只是拿到玩具玩了几分钟，也会让他们感到十分满足。

不过随着游戏的进行，那些能够阅读并理解单词含义的儿童会开始拒绝拿玩具。他们想阅读更多卡片上的名字，这样会让他们更快乐，而不需要玩玩具。

于是，当发现儿童充满了对阅读的渴望之后，为了满足他们的需求，我们会制作近百张单词卡片，卡片上写着人名、城市名以及其他物品的名称，包括之前儿童在感觉训练中接触过的颜色名称等。在写这些名称时，大部分使用的是手写体，但是为了测试儿童的阅读能力，有一些卡片上的手写体名称下面还加上了相应的印刷体。让我们感到高兴的是，儿童可以阅读印刷体。

儿童对于书写似乎有一种狂热，这会促使他们克服很多困难。你知道吗？他们不仅仅阅读印刷体没有障碍，还可以阅读哥特体。

和“书写爆发”现象一样，儿童也出现了“阅读爆发”现象，他们不放过一切可以阅读的机会，例如，经过商店橱窗时，收到信件时，拿到某个商品时……他们会阅读所有看到的单词。不过在这一时期，儿童还只能阅读单个的词语，无法阅读一长串的单词、句子，更别说整篇的文章了。他们还不具备真正阅读的能力。因此，我们接下来就要对儿童进行阅读句子的训练。

我们可以通过阅读一长串单词而知晓他人传递过来的复杂思想。对于儿童来说，这也是必须掌握的重要技能，如果他们达到了这一目标，就会多一个获得快乐与惊喜的源泉。

在得知儿童之家的孩子们可以阅读印刷体之后，我的一些朋友送来了很多图书作为礼物。然而当我浏览了这些图书之后，发现儿童是无法理解其中的故事的。

书的内容依靠的是有逻辑性的语言和文字，因此在儿童理解和欣赏图书之前，他们也必须建立一种内在的语言逻辑。阅读单词和阅读一本书，是两个完全不同的概念，它们之间的差别就和会发音与会说话之间的差别一样大。基于这个原因，我没有让儿童阅读书籍，而是想让他们先学会阅读句子。我在等待，等待一个可以教儿童阅读句子的机会。

有一天，当我和4个儿童进行自由对话时，突然，这几个儿童同时站了起来，他们满脸笑容地跑到黑板前，拿起粉笔写出了一句话："花园里的花开了，我们真高兴啊。"

这太令我惊喜了！我觉得，对他们进行句子阅读训练的时机到了。于是我走上前，也在黑板上写了一句话："你们爱我吗？"

这几个儿童一字一顿地、慢慢地读出了我写的句子，然后，他们安静了下来，似乎在思考这句话的含义。过了一会儿，他们大喊道："爱！爱！"

我又在黑板上写了一句话："那好，请大家保持安静，看着我。"这些儿童立刻叫喊着读了起来，但是当他们读完整句话后就变得安静了。这时，教室里只听得到挪动椅子发出的声音，因为他们需要调整一下自己的姿势。

就这样，我和这些儿童可以用书面语言进行交流了。对此，儿童很感兴趣。

从那之后，我设计了一些游戏，来教儿童之家的孩子阅读句子，他们很喜欢这些游戏。我会在一些卡片上写长句子，告诉儿童他们需要做什么动作，例如：

"请你关上百叶窗，打开门，然后稍等片刻，再将房间里所有的东西按照原来的样子整理放好。”

“请你有礼貌地邀请8个同伴，让他们离开自己的座位，并且在教室中间站成两排，接着让他们踮起脚尖向前走动，不要发出任何声音。”

“请你邀请3个年龄最大、唱歌最好听的同伴——如果他们愿意的话——站在教室中间，和他们合唱一首歌。”

……

很快，这个游戏成了儿童之家最受欢迎的游戏。我常常刚说完要求，这些儿童就会立刻抓起一张卡片，然后他们回到自己的座位上，认真而安静地阅读并理解卡片上的句子。接着，他们会将卡片还给老师，然后开始执行卡片上描述的动作。**他们有秩序地进行活动，只是偶尔会有个别儿童在教室里跑动或者是唱歌，这一切也说明儿童学会了自觉地遵守纪律。**

学习音乐

当儿童培养好阅读能力之后，就可以识别音符的名称了。

Chapter 14

当儿童培养了阅读能力之后，就可以识别音符的名称了。

训练儿童识别音符的入门教具除了在听觉训练中也会用到的乐钟，还有另外一套。

在制作这套教具时，我们需要先选择木板，将它涂上绿色的油漆，接着用黑色颜料在木板上画出五线谱，并且在五线谱的每条线上、线与线之间的空白区域都刻出一些圆孔，用来标记对应的高音谱号的名称。

与这套教具配合使用的是一些可以嵌入圆孔的白色小圆片。小圆片的一面写上音符的名称，如doh、re、mi、fah、soh、lah、ti、doh等。儿童需要根据这些音符名称，将小圆片放在木板对应的位置上，并且有音符名称的那一面要朝上。不仅如此，儿童还要读出小圆片上的音符名称。儿童可以独自进行这个训练，掌握每个音符的名称及其在五线谱上的正确位置。这个训练还有另外一种方式，那就是儿童将写有音符名称的白色小圆片放在乐钟相应音符的基座上。

经过前面提到的乐钟训练，儿童已经学会用耳朵辨别乐钟发出的不同声音，因此他们可以继续进行下面的训练。

接下来的训练需要用到一个同样画有五线谱的绿色木板，这块木板和前一块木板的不同之处在于，它比前一块木板长一些，上面没有圆孔，也没有标记音符符号。

训练开始之后，儿童需要将标有音符名称的小圆片，一一放在没有圆孔和标记符号的木板上。需要注意的是，标有音符名称的那一面朝下，白色的那一面朝上。

当儿童反复进行这样的训练时，可能会在同一条五线谱的线上或线与线之间的空白区域放多个小圆片，我们要允许他们这样做。当所有的小圆片都放好之后，他们再将所有的小圆片翻过来，让标有音符的那一面朝上，然后对照标有高音谱号的那块木板，检验自己是不是做得正确。

当儿童学会了高音谱号之后，接下来就可以学习低音谱号了。

我们可以在标有高音谱号的木板上增加一个五线谱。在第一个五线谱上，儿童需要按照升序，从左向右放置小圆片，形成一个八度音阶，即doh、re、mi、fah、soh、lah、ti、doh。接着，儿童再按照降序将小圆片一个接一个地放到正确的位置上，也就是doh、ti、lah、soh、fah、mi、re、doh。这样，两个八度音阶就会形成一个角度。

采用相同的方法，儿童在第二个五线谱上依次按照降序和升序，将小圆片摆放到正确的位置上，即先摆放doh、ti、lah、soh、fah、mi、re、doh，再摆放doh、re、mi、fah、soh、lah、 ti、doh。这一次摆放小圆片的方向是从右向左，这样一来，低音音符会形成另外一个角度。

于是，儿童会看到眼前出现了一个由音符组成的菱形图案。通过这样的方式摆放小圆片，高音谱号和低音谱号是分离的。这样不仅让儿童学会了识别音符，还了解了五线谱的基本要素。

当我们第一次对儿童进行这种训练时，使用了学校里的微缩钢琴。这个微缩钢琴只有两个八度音阶，琴键也很小，大小是依据四五岁儿童的手的比例设计的，虽然它结构很简单，却具备了钢琴最基本的元件。微缩钢琴的所有机械装置都是可见的。当用专用钢琴护垫木槌敲击某个琴键时，抬起木槌，我们可以看到琴键上写有音符的名称。

值得一提的是，护垫木槌就像真正钢琴上的音符一样，是黑白相间的。利用木槌，儿童可以轻松自如地在键盘上找到与五线谱上的节拍竖线对应的音符，还可以直观地看到手指弹奏钢琴的动作。

尽管这个微缩钢琴本身无法发出声音，但是它的键盘表层可以使用一些类似管风琴风管的谐振管，如此一来，当儿童用护垫木槌敲击风管时，就像敲击琴键一样，会发出相应的乐音。

学习算术

儿童在进行这些训练时，常常充满了热情，这是因为他们对于学习数学知识十分感兴趣。要提醒大家注意的是，如果不通过书写和数字巩固儿童的学习成果，可能很快这些知识就会被儿童遗忘。

Chapter 15

在学习算术之前，儿童需要具备必要的本能知识，对一些数量概念要有清楚的认知。之前的感觉训练可以帮助儿童形成数量的概念，例如长与短、粗与细、大与小等。

在分辨物体形状差异的训练中，儿童先认识了相同的物体，再将相似的物体按一定的顺序摆放好，由此理解了“一致”和“区别”的概念。

我在这里要提醒大家的是，2岁半的儿童就可以开始进行训练了，也就是用圆柱体插件进行感官训练。如果他们将某个圆柱体放入了一个比较大的插孔里，就会导致最后有一个圆柱体没有合适的插孔，而这种情况的出现会促使儿童思考一个问题——为什么剩下的这个圆柱体找不到自己的位置呢？

过早地对儿童进行算术训练并不合适，因为他们的大脑并没有做好准备。但是，我们可以通过类似插孔游戏等感官训练，让儿童慢慢地培养并积累知识储备。等到他们的大脑做好准备之后，儿童就可以开始学习算术了。

在对儿童进行算术训练时，我们仍然需要运用感官训练中用过的教具，例如粉红塔、棕色四方棱柱、细长木棒等。这三套教具分别让儿童对不同的数量概念有了了解，粉红塔教会儿童区分大小，棕色四方棱柱教会儿童识别厚度，细长木棒教会儿童认知长度。而且每一套教具包含的个体之间都存在着某种数量关系。

就拿细长木棒来说，最短的木棒可以作为衡量其他木棒长度的标准，第二根木棒的长度是第一根的2倍，第三根是第一根的3倍，也就是说，每一根木棒的长度递增了10厘米。也就是说，这10根木棒的长度是呈从1到10的自然数序列。

我们再看第二套教具，也就是棕色四方棱柱，每个棱柱的长度都是20厘米，但是它们的横截面积不一样。这10个棱柱的横截面的大小也是呈自然数序列，第一个棱柱的横截面边长是1厘米，第二个是2厘米，依此类推，第10个棱柱的横截面边长是10厘米，因此，这10个棱柱的横截面积组成了平方数序列，即1、4、9、16、25、36、49、64、81、100。具体来说，第一个棱柱的边长是1厘米，第二个棱柱是由4个这样的棱柱组成的，第三个棱柱是由9个这样的棱柱组成的，依此类推，第十个棱柱是由100个这样的棱柱组成的。

粉红塔也是如此。第一个立方体的边长是1厘米，第二个立方体的边长是2厘米，第三个立方体的边长是3厘米，依此类推，第十个立方体的边长是10厘米，边长呈自然数序列。

由此，它们的体积呈现从1到10的立方数的变化，即1、8、27、64、125、216、343、512、729、1000。也就是说，第二个立方体是由8个第一个立方体组成的，第三个立方体是由27个第一个立方体组成的，依此类推，第十个立方体是由1000个第一个立方体组成的。粉红塔的各立方体的数量关系是这三套教具中最容易理解的，儿童可以直观地感知到。而要理解细长木棒教具的数量关系，对儿童来说就有点儿难度。

我们在系统地教儿童算术之前，会先使用一些实际的物体，例如钱币，来教儿童数数。

很多刚来儿童之家的3岁儿童已经会简单地数数了，可以从1数到2或者从1数到3。其实在日常生活中，我们有很多机会教儿童数数，例如，妈妈会告诉自己的孩子："你的衣服掉了两颗纽扣"或者"我们还需要三个盘子"等。

在儿童之家，我们会从换零钱的游戏开始教儿童数数。因为钱币和我们的日常生活紧密相关，所以这个游戏对儿童来说十分具有吸引力。

我们会准备一些崭新的零钱或是用卡片做的钱币复制品，然后给每个儿童分发几个不同面值的硬币，如1生丁（意大利币）、2生丁和4生丁。儿童需要用这些硬币和老师换取等价值的零钱，通过这种方法，儿童就可以学会从1数到10。

在此之后，我们会用细长木棒对儿童进行更系统的算术训练。这里使用的细长木棒与前面使用的细长木棒不一样，每根木棒上会以10厘米为单位标识出分段，并分别涂成红色和蓝色。如第二根木棒长度是20厘米，那么就分为两段，一段涂为红色，另一段涂为蓝色；第四根木棒的长度是40厘米，是第一根木棒的4倍长，那么它可以分为四段，涂上颜色之后就是红蓝相间的，其他的木棒也按照同样的方法进行改进。

我们将这些木棒按顺序摆放好，接下来就可以教儿童数数了。

在教学开始时，我们可以用手指一个接一个地点出木棒上的红色或蓝色部分，一边点一边从1数到10。为了让儿童对数量的概念更为清晰，在这里我们还是采取了三阶段教学法。

第一阶段，为儿童展示木棒。当展示最短的木棒，即第一根木棒时，我们告诉儿童："1，这是1。"当展示第二根木棒时，我们依次用手指着木棒上的红色或蓝色，一边数一边说："1、2，这是2。"当为儿童展示第三根木棒时，我们同样用手指着木棒上的红色或蓝色，告诉他们："1、2、3，这是3。"

第二阶段，检验儿童是否记住了老师所教的数字。这时，我们会分别对儿童提出请求，"请将1递给我""请将2递给我"或者是"请将3递给我"。

如果儿童真的记住了这些数字，他们就会将正确的木棒拿给我们。

第三阶段，测试儿童是否掌握了数量概念。我们可以指着其中一根木棒，例如第三根，向儿童提问："这是几？"如果儿童答出了"3"，那么我们就会和儿童一起依次数木棒上的红蓝色块，看看他们的答案是否正确。以此类推，我们还可以教儿童运用其他木棒上的颜色分段来计数。根据儿童的现场反应与实际情况，我们每次可以在原来的基础上添加1根或2根木棒。

这样的训练十分重要，可以帮助儿童形成清晰的数量概念。每次儿童说出了一个数，他可以看到代表这个数的木棒，抽象的数字有了具体物体作为参考，这样儿童就可以将数量的概念与实物结合起来了。

接下来，我们会教儿童将这些木棒按从短到长的顺序进行排列。这样做的同时，我会让他们数一数每根木棒上面的红蓝色块。摆放第一根木棒时，数“1”；摆放第二根木棒时，数“1、2”；摆放第三根木棒时，数“1、2、3”……不管摆放哪根木棒，都要从1开始数起。当数到第十根木棒时，儿童会根据木棒上的红蓝记号得到下面的数字序列：1、2、3、4、5、6、7、8、9、10。

在数数的过程中，我们还要让儿童根据木棒上包含的分段数目为木棒命名，例如第一根木棒是“1”，第二根木棒是“2”……第10根木棒是“10”。如果想知道这些木棒一共有多少根，就可以将这些摆放好的木棒从左至右再数一边，在这个过程中，儿童会再次得到如下数字序列：1、2、3、4、5、6、7、8、9、10。

对于这个游戏，儿童都很感兴趣，因此他们会反复地玩这个游戏。

有时候，我们还可以将数数的训练与认知长短的感觉训练结合起来进行。步骤如下。

首先，将所有木棒打乱顺序放在地毯上。老师随机从这些木棒中挑选出一根让儿童观察，假设是第五长的木棒，让儿童数一数这根木棒上有多少个分段。

接着，老师让儿童从地毯上剩下的木棒中找出比这根木棒长一点儿的那根木棒，即第六长的木棒。当儿童挑出正确的木棒后，老师则将两根木棒放在一起，再让儿童数一数木棒上面的分段来验证自己的选择是否正确。

在这些训练的过程中，数量是用实物代替的，是具体的。接下来，我们会结合实物教儿童学习数字符号，这样的概念就是抽象的了。数字符号代表了一定数量的独立单位所形成的整体，它是一种图形符号，可以帮助人类的数学思维在进化过程中获得进步。当儿童学会了数字符号之后，就标志着他们实现了思维的飞跃。

如果此时儿童已经具备了书写能力，那么我们可以用砂纸剪出从1到9的数字符号，并将它们贴在光滑的纸片上。接下来，我们就可以按照与字母训练一样的方式来进行数字训练了。

训练一开始，我们会让儿童用手触摸纸片上的砂纸数字，并且用三阶段教学法教儿童认识它们，例如，先指着这些数字对儿童说："这是数字1，这是数字2。"接着，为了测试儿童是否掌握了这些数字，我们会再对儿童说："请给我数字1""请给我数字2。"最后，我们会问这些儿童："这是几？"如果儿童此时已经学会了数字，就会说出正确的答案。一遍又一遍地重复这样的教学过程，儿童就会真正掌握这些数字符号了。

此外，我们还设计了一些小游戏，方便儿童将数字符号与数量概念联系起来。

例如，可以利用砂纸数字卡片和带有分段记号的木棒做一个小游戏，即让儿童将数字卡片放在相应的木棒上。当儿童完成这个配对的游戏之后，再让他们将数字卡片按照大小顺序放在木板上。这种连续摆放卡片的游戏会让儿童感到很快乐，并且愿意反复地进行练习。经过一段时间的训练之后，儿童就可以掌握这些数字，并学会怎么利用它们将最小的整数组合到一起。

还有一种游戏，使用的教具是木钉（也可以用各种各样的小物品代替，如小木棒、小积木、筹码等）。首先，我们需要准备两个盒子，每个盒子分成5个格子，格子的底部印着数字，分别是0、1、2、3、4和5、6、7、8、9。这两个盒子也叫记数盒。当儿童看到格子里的数字后，就需要将相应数量的木钉放进格子里。

这其中出现了一个有趣的现象。当儿童看到数字0时，他们可能会感到疑惑：0是什么意思呢？此时老师会告诉儿童：“0就是没有。标有0的格子里，一个物体也不用放。”

这样的说法对于儿童来说很抽象，因此我们认为，有必要让儿童弄清楚0的含义。于是，我设计了另外一个小游戏。

我站在一群儿童中间，然后转向其中一个已认识数字0的儿童，对他说：“宝贝，请你到我这里来0次。”

当儿童刚开始听到这样的指令时，他们会跑到我身边，然后再跑回原来的位置。

我笑着告诉他："我告诉你的是来0次，现在，你来了1次。"

儿童睁大了眼睛，充满疑惑地问："怎么才是来0次呢？我应该怎么做呢？"

这时，我就会向这个儿童解释，所谓的"来0次"，就是保持站在原地不动，不要到我这里来。当我们将这个游戏玩了几次以后，儿童就会理解怎么是"来0次"，也就自然明白了数字0的含义。

学会10以下的数字，只是迈出了学习算术的第一步，后面还会涉及10以上的数字以及数学运算的课程。如果想了解后面的课程，可以参考我其他的作品，里面会有详细的介绍。

前面我们已经知道，数字0代表了没有。但是如果数字0排在1的后面，那么就可以数到9以后的数字，即10。如果我们不是用数字符号计数，而是使用与木棒10一样长的工具，比如将两根木棒10放在一起可以得到20，将三根木棒10放在一起可以得到30，依此类推，我们就可以进行10以上数字的学习，即10、20、30、40、50、60、70、80、90。

我们还可以使用一些框架作为教具。这些框架上挂着数字10到90的卡片，其中每一个数字中除了0不能移动，前面的1到9这些数字都可以自由移动。

如果我们用后面一个卡片上的数字1盖住数字10后面的0，

那么我们就会得到一个新的数字11。如果我们用后面一个卡片上的数字2盖住数字10后面的0，那么我们就会得到了数字12，以此类推，我们还可以得到13、14、15、16、17、18、19。使用相同的办法，如果我们将后面一个卡片上的数字1到9分别盖住数字20后面的0，那么我们就可以得到数字21、22、23、24、25、26、27、28、29。也就是说，我们可以利用这套数字框架和卡片教具教会儿童从10数到99（100）。

当我们用一个数加上另一个数，如用7加上8，就是在进行同类单位的组合。这就是算术运算。当我们教儿童算术运算时，为了让他们理解起来更容易，可以使用木棒等工具。

当儿童进行8+2的算术运算时，可以利用两根不同的木棒，其中一根木棒有两个分段记号，另一根木棒则有八个分段记号。运算时，儿童可以将两根木棒连接起来，这样就一共有10个分段记号。

普通学校里的老师教授算术课程时，会借助于豆子或弹球等各种小物体，认为这样做会让儿童学习起来更容易一些。

同样是计算8+2，那些老师会让学生先拿出8个弹球，再拿出2个弹球，然后将两次拿出的弹球放到一起。其实在这个时候，学生的脑子里并没有在计算8+2，而是在分别计算1+1+1+1+1+1+1+1和1+1。在这种情况下，学生要努力记住的是：8个弹球是一个整体，与数字8相对应。这样的教学效果并不理想，因为学生倒退回了理解数量概念的阶段，如此一来，他们要想掌握算术就得再推迟几个月，甚至是几年。

对比起来看，使用木棒教儿童进行10以内的加减运算则要简单得多。当进行计算训练时，老师可以让儿童先将10个标有分段记号的木棒都摆放好，然后让他们将木棒1放到木棒9的下面，木棒2放到木棒8的下面，木棒3放到木棒7的下面，木棒4放到木棒6的下面。这样最后就组成了四组长度加起来等于10的木棒，剩下了木棒5。而如果将木棒5旋转180°，那么旋转后的木棒5和旋转前的木棒5又组成了10，这正好说明“5的2倍就是10”。

通过这样的方式，儿童就逐渐了解了10以内的加法。如果此时我们再教他们写出加号和等号等运算符号，他们就可以得到下面这些数学运算式：

9+1=10

8+2=10

5×2=10

7+3=10

6+4=10

当儿童掌握了加法运算之后，接下来就可以学习减法运算了。我们依然使用木棒来为儿童演示运算的过程。

我们将那些原本组合在一起的木棒分开，将它们放回到原来的位置上。比如说，拿走木棒4，剩下木棒6；拿走木棒3，剩下木棒7；拿走木棒2，剩下木棒8；拿走木棒1，剩下木棒9。当这四组木棒拆分了之后，最后剩下木棒5。这时我们可以告诉儿童："将长度为10的木棒分割成相等的两段，每一段就是5。也就是说，10的一半是5。"将这些过程写成数学运算式，就是：

10−4=6

10−3=7

10−2=8

10−1=9

10 ÷ 2=5

对于10和木棒5的关系，我们还可以引导儿童通过其他木棒找出类似的数字关系，如4和2、6和3、8和4。用木棒来操作就是：

如果将木棒2旋转180° 之后，前后所占位置的长度等于木棒4的长度；将木棒3旋转180° 之后，前后所占位置的长度等于木棒6的长度；将木棒4旋转180° 之后，前后所占位置的长度等于木棒8的长度。用数学运算式表示就是：

2 × 2=4

3 × 2=6

4 × 2=8

5 × 2=10

如果将木棒4分成相等的两段，就会得到2；将木棒6分成相等的两段，就会得到3；将木棒8分成相等的两段，就会得到4。用数学运算式表示就是：

4 ÷ 2=2

6 ÷ 2=3

8 ÷ 2=4

当然，如果重复对儿童进行这样的训练，很快就会让他们感到厌倦。为了增加趣味性，我们可以再让他们变换不同的组合。

例如，不再让他们将木棒1放到木棒9的下面，而是放在木棒10的下面；将木棒2放在木棒9的下面，将木棒3放在木棒8的下面，将木棒4放在木棒7的下面，将木棒5放在木棒6的下面。这些木棒组合起来的长度都是11。

以此类推，我们还可以利用木棒摆出长度为12、13、14等的组合，一直到20。通过这样的方法，儿童就可以学会20以内的加减运算。

由于此前儿童已经掌握了10以内的加减运算，有了一定的基础，他们学起20以内的加减运算时就不会觉得有很大的难度了。唯一有难度的是十进制，需要我们通过专门的课程去教会他们。

教授儿童理解十进制，需要用到一些正方形的大数字卡片和长方形的小数字卡片作为教具。正方形卡片上都印有用大号字体写的数字1，长方形卡片印有用小号字体写的数字0到9，长方形卡片的大小恰巧是正方形卡片的一半。

首先，我们将10个长方形数字卡片排成一排，即：0、1、2、3、4、5、6、7、8、9。利用这些卡片，可以从0数到9，后面没有别的数字。

然后，我们再将数字卡片1放到数字卡片0的旁边，形成10。不过，“10”里的数字1比单独的数字1要高一个等级。

接下来，我们再用数字卡片1到数字卡片9依次将“10”中的0盖住，就会得到以下数字序列：11、12、13、14、15、16、17、18、19。

与此同时，我们用带有长度记号的木棒1、木棒2、木棒3直到木棒9，分别与木棒10相加，也可以得到11到19的数字序列。

现在，老师就可以将木棒和数字卡片这两种教具结合起来使用。老师可以先给儿童数字卡片，例如数字卡片组合“16”，在旁边摆出木棒10和木棒6，并且木棒6放在木棒10的下面，组合后的长度为“16”。用数字运算式表示，就是：10+6=16。

如果将上面卡片组合中的数字卡片6替换成数字卡片8，再将木棒组合中的木棒6替换成木棒8，这样我们就得到了新的运算式：10+8=18。

用同样的方法，我们也可以利用卡片和木棒演示减法运算，这里不再赘述。

儿童在进行这些训练时，常常充满了热情，这是因为他们对于学习数学知识十分敏感。要提醒大家注意的是，如果不通过书写和数字巩固儿童的学习成果，可能很快这些知识就会被儿童遗忘了。如果儿童将这些学习经验用语言和数字记录下来，将会十分有益于他们未来的发展，可以帮助他们进入更高一级的学校，接受更高层次的文化教育。

不过，我在这里提到的更高一级的学校，并不是现在我们社会上的那种学校，而是一种新型的学校。如今的这些学校，里面的老师总是胡乱地给儿童灌输知识，全然不顾儿童有没有做好吸收这些知识的准备。我认为需要一种新型学校，其使用的教学方法是建立在我们之前用的那些方法的基础上，并且是加以完善和升级的，这样才可以让接受过系统训练的儿童保持头脑健康。

训练的顺序

很多儿童开始表现不同的个性，他们每个人都会按自己的内在精神需求而发展，他们的智力水平也得到了进一步的开发和提升。

Chapter 16

在使用蒙台梭利教育法教育儿童时，需要重复了解各种训练的内容，并将这些训练按照一定的顺序呈现给儿童，这一点十分重要。

我在本书第一版中曾清晰地列出了各种训练的顺序和过程。不过在具体的教育实践中，我们也可以进行适当的调整。同时蒙台梭利教育法所用到的教具是按训练的级别来设计的，对此，我在本书第一版中也做过具体的阐述，给予了不同级别明确的定义。

接下来，我为大家简单地介绍一下训练的顺序。

蒙台梭利教育第一阶段。

当一个3岁左右的儿童刚刚来到儿童之家时，我们会带着他进行以下训练。

1.生活实践训练。

安静地移动椅子；系鞋带、扣扣子、挂衣服等。

2.感觉训练。

在这一阶段，最有用的感觉训练是圆柱体插件训练。我们会准备三套直径或高度不等的圆柱体插件，让儿童学会比较、选择以及判断，促进其智力的形成和发展。

在训练的过程中，儿童可以按照从简单到困难的顺序依次练习：

（1）观察高度相同、直径递减的10个圆柱体；

（2）观察直径相同、高度递减的10个圆柱体；

（3）观察高度和直径都依次递减的10个圆柱体。

蒙台梭利教育第二阶段。

1.生活实践训练。

安静地站起来或坐下，挺直腰板走路。

2.感官训练。

使用长木棒、棕色梯和粉红塔等三套教具进行感官训练，帮助儿童对长短、厚薄、大小等不同的维度有所认知。从本质上来看，这些训练和圆柱体插件训练没有什么差别，只不过训练的角度不同而已。由于这些教具的体积都比较大，它们之间的差异会更容易被观察出来。

与圆柱体插件不同的是，圆柱体插件具有“提示错误”的功能，而这些教具没有。例如，我们无法将大一些的圆柱体插入比它小的插孔里，也不能将小一些的圆柱体插入比它大的插孔里，因为这样会导致总有一个圆柱体和剩下的插孔无法匹配，这就是出现错误的提示。而应用这三套木块教具时，儿童只能通过眼睛观察来发现错误。

同时，儿童在使用圆柱体插件时，只需要做一些简单的动作，例如伸出手摆弄下各种圆柱体。而在这一阶段，儿童需要做一些更复杂的动作来完成训练，例如，他们要站起来走到教具柜前，蹲下或者跪下，拿起物体，搬运物体，等等。

我们会发现，当使用粉红塔教具时，尽管有些儿童知道应该将立方体放在正确的位置上，但是由于他们分不清哪个是最大的立方体、哪个是第二大的立方体，常常犯下一些错误，例如将第二大的立方体当作宝塔的底放在最下面。这是为什么呢？

对于这些立方体来说，相邻的两个立方体之间的变化是相同的，只是当立方体的尺寸不断增大时，它和相邻的立方体之间的差异看起来就相对小一些，因而不容易被发现。我们可以举例来说明，当底面边长为1厘米的立方体，边长再增加1厘米，即变为2厘米时，它的边长就是原来的两倍，增加的边长是总边长的1/2；但是当底面边长为9厘米的立方体，边长再增加1厘米时，它增加的边长只占总边长的1/10。因此，从理论上来说，我们最好设计不同尺寸的教具，并让儿童从最小的物体开始训练。

当儿童重复进行训练之后，他们慢慢地就能感受两个物体之间细微的差别了。

在这三套有关维度教学的木块教具中，长木棒教具的个体之间的差别是最大的，为10厘米，而另外两套教具的个体之间的差别只有1厘米。从理论的角度来看，差别较大的物体似乎最容易吸引儿童的目光，并且最不容易让他们出现错误。然而事实上不是这样的。

虽然对儿童来说，这套长木棒的确很有吸引力，但他们使用长木棒进行训练时也最容易犯错误。儿童只有使用过粉红塔和棕色梯，并且能够完全无误地操作这两套教具，才能更好地对这些木棒进行排列。可以说，长木棒的使用方法是这几个关于维度的感觉训练中最难掌握的。

3.热觉和触觉训练。

触觉是人体发展最早、最基本的感觉，触觉器官是人体最简单且分布最广的感觉系统。然而事实上，在我们的实践教学中，它不是第一个可以吸引儿童的注意力的。由此可见，感觉能力的发展与完善和心理学理论预期的发展过程并不是完全一样的。实际的感觉训练和能力发展不可能完全遵循生理学描述的感觉器官发展轨迹。

当儿童经过了圆柱体插件训练和使用细长木棒、棕色四边棱柱和粉红塔等三套教具进行的感觉训练之后，接下来对他们有吸引力的就是热觉和触觉方面的感觉训练。

触觉训练安排在热觉训练之后。在进行最基础的触觉训练之前，我们可以为儿童准备一些表面或粗糙或光滑的物体。只要把握了合适的时机，这种训练会让儿童产生非常大的兴趣。

要记住，这些训练对于儿童来说很重要，因为这些训练为儿童进一步进行书写训练打下了基础。

4.辨别颜色的训练。

接下来，我们可以对儿童进行“颜色配对”训练，主要是教会他们认识并分辨各种颜色，这是色觉训练的第一步。

和前面的维度训练一样，在“颜色配对”训练的过程中，儿童只能依靠眼睛观察才能得出正确的判断。起初，这种训练很简单，但是如果儿童想在训练的过程中增加一些趣味性，就必须先完全掌握前面的维度训练，并且能够在一定程度上集中自己的注意力。

5.节奏训练和安静训练。

现在，儿童已经听过了一些音乐，并且可以伴随着音乐沿着直线行走，慢慢地，他们就会不自觉地跟随音乐的节奏扭动起来。音乐是儿童成长的节拍器，为了让儿童获得节奏感，需要让他们反复地训练。同时安静是一种修养，让儿童学会安静的训练也要反复地进行。

蒙台梭利教育第三阶段。

1.生活实践训练。

儿童要学会自己洗澡、自己穿脱衣服、自己擦桌子、独立地使用各种物体等。

2.感觉训练。

现在，我们开始训练儿童认知不同程度的感觉（如触觉、色觉），并且鼓励他们进行自我训练。

我们可以为儿童提供不同的听觉刺激（各种声音、噪声）和触觉刺激（不同重量的木块），让他们自由地进行训练。同时，我们还可以教会儿童认识几何图形，这个训练的主要目的是让儿童描画几何图形轮廓，并且锻炼其手部的动作。

当儿童能够认出几何图形之后，我们会给他们分发一些画有几何图形的卡片，由此训练他们认知抽象符号的能力。

通过以上这些训练，儿童不仅认识了不同的图形，还形成了条理性和判断力，智力水平也得到了提升。可以说，所有这些训练都是为儿童接受书写训练做的准备工作。

蒙台梭利教育第四阶段。

1.生活实践训练。

让儿童学习整理桌面、整理房间，学习保持个人卫生，例如刷牙、修剪指甲等。通过跟随音乐节奏走路，让自己走路的姿势更优雅、更协调。学会控制自己的动作，例如保持安静、移动物体时不发出噪声、不破坏物体、不使物体掉落下来等。

2.感觉训练。

在这个阶段，我们仍然会让儿童一遍又一遍地进行各种感觉训练。与此同时，我们会利用乐钟为儿童介绍各种音乐符号。

3.和书写相关的训练。

在前面的训练中，儿童已经通过描画几何图形的轮廓，掌握了控制自己手部动作的技巧。在这一阶段的训练中，儿童不再需要用手指来描画几何轮廓，而是要用铅笔将图形的轮廓画在白纸上。而且他们还要用彩笔将轮廓线内的空白区域涂上颜色，当他们这样做的时候，就需要用手握住笔，就像写字时一样。

在这一阶段，我们还会用砂纸剪出一些字母的形状，让儿童触摸并认识它们。

4.算术训练。

算术训练中会用木棒作为教具，不同于前面的是，在之前的感觉训练中，我们使用木棒是为了让儿童对不同的维度有所了解，而在这里使用木棒是为了帮助儿童学会计数。

我们会在木棒上涂上红色或者蓝色作为分段，然后让儿童数一数这些木棒上到底有多少个分段。我们会让儿童从最短的木棒——也就是只有一种颜色、计数为1的那一根木棒——开始数起，最后让他们数分段最多、计数为10的那一根木棒。我们会让儿童重复进行训练，并且会以其他更复杂的方式进行训练。

5.学习语言。

在前面，我们让儿童描画的是几何图形的轮廓，而现在我们会让他们描画字母的轮廓。

描画字母轮廓也是一种感觉训练，可以帮助儿童观察周围的环境。同时通过这种训练，儿童的智力也得到了发展，以后书写各种字母就会很容易了。可以说，发明这种训练是我们仔细观察儿童生活的结果，这种训练对于儿童的教育具有十分重要的意义。

如此一来，儿童甚至不需要使用如今意大利各小学使用的某些课本，就可以认识不同的字母了。

在这一阶段的训练中，我们还会让儿童运用可以移动的字母教具进行组词训练。

6.数学运算。

我们教儿童认识数字，并且以前面使用过的带有长度记号的木棒作为教具，教儿童在每根木棒旁边放上相应的数字卡片。我们还会让儿童用木钉玩计数的游戏。

还有一种计数游戏，那就是在不同的数字下面摆放相应数量的物品。当儿童玩这个游戏时，还可以要求他们根据对应的数字将物品摆放成单列或者双列，这样一来，儿童也对奇数和偶数有了一定的了解。

蒙台梭利教育第五阶段。

现在，我们会让儿童进行一些更复杂的节奏训练。

我们还会让儿童开始进行图画训练。

1.使用水彩。

2.自由写生，例如，他们可以自由选择描绘花朵或是其他物品。

我们还会让儿童运用移动字母教具组合出不同的单词和短语。具体活动如下。

1.让儿童自发地书写单词、短语。

2.让儿童阅读老师写好的句子卡片并做出相应的动作。

在这个阶段，我们还会继续使用木棒对儿童进行数学运算训练。

到了这个阶段，很多儿童开始表现出不同的个性，他们每个人都会按自己的内在精神需求而发展，他们的智力水平也得到了

进一步的开发和提升。

当看到儿童拥有了不同的个性差异，并且根据内在隐藏的法则发展自己的精神时，我们会由衷地感到高兴。这种无法比拟的喜悦，只有真正经历过的人才能体会到。

精神与道德

儿童用他们的行为和表现证明了蒙台梭利教育法是正确的、有价值的。可以说，正是儿童的本能揭开了人类发展的内在法则。

Chapter 17

我在这本书中介绍了儿童之家采用的教育方法，或许有的读者会认为这些教育方法是合理的、让人信服的。不过，我介绍的重点并不在于这些方法的内容，而在于这些方法会对儿童产生什么作用。事实上，**儿童用他们的行为和表现证明了蒙台梭利教育法是正确的、有价值的。可以说，正是儿童的本能揭开了人类发展的内在法则。**

如果在儿童之家开设一个心理实验室，我们会更加了解儿童，或许可以得到比现在发现的还多得多的真相。只有处于自由的环境下，精神的起源和发展才能正常运行。

在儿童之家，如果儿童的活动没有给其他人带来麻烦，我们就会任其发展。换句话来说，如果儿童出现“不好的”混乱行为，我们会及时制止；而如果儿童的行为是“好的”、有秩序的，那么我们就会允许他们自由地进行。这样做收到了意想不到的效果，那就是我们发现，儿童在这种环境下，会对自己进行的工作表现出强烈的热爱，尽管他们自己并没有意识到。他们还可能自发地培养出优雅的气质，因为他们在活动中表现得无比镇静、井然有序。

在蒙台梭利教育法的培养下，儿童拥有了自发的纪律性和整个班级随处可见的服从精神，这可以从他们的学习和训练过程中体现出来。

俗话说，“人之初，性本善”。在哲学上，对于人性到底是“本善”还是“本恶”，具有很大的争议。这种争议也存在于人们对于我们这一教育方法的评价中，那些持“人性本善”观点的人们，十分支持我们的教育方法，并且提供了很多例证；而还有一部分人持“人性本恶”的观点，他们认为给儿童自由是十分危险的，因为这样无法约束人性向恶的发展倾向。

我通常会以积极的态度去看待这个问题。“善”和“恶”这两个词属于两个不同的概念，包含了很多可能性，我们不能将它们理解得过于简单。其实在对待儿童时，我们会混淆这两个概念。

3—6岁儿童表现出来的一些行为，会被我们成人认为是“恶”的，其实这种“恶”是因为成人没有理解儿童的内在需求，片面地认为儿童的行为给自己带来了麻烦。

儿童天生喜欢东摸西抹，这会让成人感到很厌烦。成人常常会阻止儿童的这种行为，而事实上，这样就是在阻碍儿童探索这个世界。因为这种行为是儿童的天性，体现了生命的自然倾向。儿童生来就喜欢通过各种各样的方式去了解并体验周围的世界，通过这种自然倾向的引导，儿童也可以协调自己的各种动作，达到发展自己的目的。

当儿童这种自然的行为受到阻挠或约束时，他们就会反抗。而在成人的眼中，这种反抗就成了儿童调皮捣蛋的证据，反抗的儿童就是不听话的“坏小子”。

成人没有意识到的是，正是自己的阻挠激起儿童为了生存发展而进行的反抗，并由此表现出激烈的行为。**儿童为了能够正常的成长，不得不反抗成人的规定，获取自己精神发展需要的东西**。

如果成人没有阻碍儿童的自由成长，并且给儿童提供一些他们需要的工具和条件，那么儿童表现出来的“恶”就会消失，成人和儿童之间的斗争也就会结束。可以说，**如果成人可以尊重儿童的内在需求和自然倾向，给他们提供自由发展的空间，儿童就会是充满快乐的**。反之，儿童就会是易怒的。这个问题也涉及卫生学原理，引起相关儿科专家的关注。

人的精神生活和智力起源受到了特定的法则和必需品的控制。从这个角度来说，保持和培养儿童的精神发展，不只与学校和老师有关，更涉及家庭，尤其是家里的母亲，一定要为儿童提供一个可以自由成长的空间。

通常，我们想要给出某个问题的正确答案，必须对这个问题进行深入的分析才行。可是在生活中常常发生这样的事情：当看到一群人在争夺一片面包时，我们或许会这样说，“这些人真坏，为了一片面包而打架”；当走进一家餐厅，看到里面的人们都在安静地寻找自己的座位、态度友好地点菜时，我们或许会说，“这是一群有教养的人”。也就是说，人们常常只凭表面现象就对他人做出善或恶的评价，而根本看不到事情的本质。这样看来，如果我们为所有人提供足够的食物、良好的就餐环境，似乎可以避免很多道德问题的出现，人们也不会再为争抢一片面包而打架了。

从这个角度来看，很多人或许会产生一个误解，那就是吃得好的人比吃得不好的人更高尚。生活中的确有人会下这种论断，即“只要让人们吃好就可以让他们成为好人”。这种结论明显是错误的。

当然，我们不得不承认，充足的食物可以消除人们因为饥饿而引发的恶行和痛苦，它是人性“向善”的因素之一。但是，**我们在这里谈论的道德，是人类的精神生活，相对于食物所代表的物质生活而言，精神生活的层次更高一些**。

我们的儿童之家已经取得了令人瞩目的教学成果，找到了可以满足并发展儿童的精神生活的教育方法，这些教育方法都是通过实践总结出来的。

概括来看，我们的教育方法具有两个要点，即**合理的工作和自由的环境**。为了儿童正常、健康地成长，两者缺一不可。

合理的工作促使儿童的自我发展成为可能，可以激发儿童的本能，让他们获得有益的、满足的精神需求。这样的工作和学习环境会引导儿童不断完善自己的行为，并将纪律性融入本能发展之中。对儿童而言，这种纪律性是一种十分重要的品质。

如果只有自由的环境，而没有合理的工作，儿童就会放任自流，白白浪费他们自身的能量，就像新生儿如果得不到奶汁就会饿死一样。

因此，在自由的环境里进行合理的工作，是儿童“向善”的基础。纵观人类文明的发展历程，就是将工作与自由成功地结合起来的历史。在这个过程中，人类从野蛮到文明，社会在不断进步，罪恶、邪恶、残忍和暴力在逐渐减少，“向善”的道德感也因此获得了增长。

现如今，犯罪被视为文明社会中残存的野蛮行径。只有通过对工作进行更好的组织，社会才能得到更进一步的净化。可以想象，如果3—6岁的儿童拥有合理的工作和绝对的自由，会取得多么巨大的成就！正是因此，儿童在我们眼里才显得那么美好，因为他们代表了光明和希望。

当然，我们也不是完全绝对地说，儿童在合理的工作和自由的环境中培养的“善”可以解决人类所有的善恶冲突。我们只能说，通过消除儿童成长中的障碍，可以为人类“向善”做出一定的贡献。要知道，常常是这些障碍引发了暴力和反抗。

我们再次呼吁，**让每个人都做自己该做的事情吧**。

儿童是爱的源泉

不论一个人做了多么丑陋、卑劣的行为，心中的爱都是不会完全泯灭的。如果我们将这种爱的力量发掘出来，就可以感动周围的人。如果一个人的内心没有爱，那么无论他怎么高歌爱的伟大，也没有办法感动任何人。

Chapter 18

我们经常看到这种现象，儿童会邀请家人和自己的小伙伴一起参加聚会，因此，我们在这样的聚会上可以看到不同年龄层面的人以及不同文化层次的人。我们并不会觉得这样的聚会有什么不妥当的地方。

我们的儿童之家也举办了很多聚会，这些聚会和别的地方举办的专业性聚会是完全不同的。我们对于聚会的嘉宾没有任何限制，除了来参加聚会的儿童必须具备一定的能力。

出席我们的聚会的，有儿童也有成人，有本国的也有外国的，而且这些人从事的职业也不尽相同，如教师、医生等。即使是在蒙台梭利学校，也好像一个无国家的组织一样，汇聚了来自不同国家的儿童。不过，尽管我们学校里的儿童来自不同的国家，但他们之间并没有什么矛盾。这是为什么呢？

媒体对我们的聚会进行了报道，他们是这么写的："很久以来，我们都想把信仰不同的人召集在一起。此刻，这些人自愿参加了这场聚会。"其实，这要归功于儿童。尽管这些人信仰不同，分属于不同的组织，但是他们之中没有人会拒绝和儿童在一起。**是儿童把这些具有不同信仰的人召集在一起了，儿童身上具备爱**

的力量。

成人会忠于自己的信仰，忠于自己的组织。当一群成人聚在一起商讨某件事时，如果他们的信仰不同，往往会持有不同的观点，还会因为观点的差异而争吵，甚至采取暴力的行为。不过，成人对于儿童都充满了发自内心的喜爱，以前几乎没有人发现这一点。

在这一节，我们会详细地聊一聊什么是“爱”。我们先来看看诗人是怎么理解爱的，他们可以尽可能地用最丰富的语言将爱蕴藏的巨大能量描述出来。

人类之所以来到这个世界，是受到了爱的指引。对人类来说，再也没有什么比爱更能触动心灵了。对于那些残暴无知的人，如果我们对他们进行爱的洗礼，他们会发生转变。即使是试图摧毁世界的恶人也会接受爱的召唤。我们认为，**不论一个人做了多么丑陋、卑劣的行为，心中的爱都是不会完全泯灭的**。**如果我们将这种爱的力量发掘出来，就可以感动周围的人**。**如果一个人的内心没有爱，那么无论他怎么高歌爱的伟大，也没有办法感动任何人**。

人性是有爱的，尽管爱是一种很微妙的东西，可是一旦被我们感受到，我们就会很感动。

为了要创造一个和谐的社会，我们需要认真地研究爱的定义以及爱是如何发挥作用的。

任何一个人都会不由自主地关心儿童。这是我们讨论所有事情的前提。尽管我们对儿童的爱无法用具体的文字描述出来，但它是存在的。这种爱源自何处，有什么用处？我们目前没有答案，我们也不知道爱究竟是采取了什么机制让人类和谐相处进而成为一个整体的。

人类被划分为不同的族群，拥有不同的信仰和不同的阶级，可是一旦讨论到和儿童相关的事情时，就可以团结一致、和谐共处。在这种时候，成人之间的隔阂和不适感也会消失，每个人都会打开心扉，变得更容易沟通。

当成人和儿童在一起的时候，会变得非常友好。和儿童一样，爱的情感也会激发成人的保护欲。如此一来，成人之间会变成一个和谐的整体。

战火在地球上燃烧，这个世界的很多地方都存在着纷争。由于缺少爱，不同种族之间的矛盾对这个世界产生了很大的消极影响。于是，有人认为我们在这个时候谈论爱的力量是不合适的，他们可能会说："这些都是无聊的空话，爱根本就是一种幻想！看看这个残酷的真实世界吧，我们的家园、树木、孩子、女人都在困难中苦苦地挣扎。"

可是，人类的发展表明，如果想让人们团结起来，就需要爱的力量，这是消除战争的条件之一。**重建家园离不开爱的力量。不管是有信仰的人还是没有信仰的人，不管是媒体还是普通民众，不管是上层阶级还是下层阶级，所有人都需要爱。没有什么**

理由可以让我们无视“爱一直存在”的事实，我们必须深入地了解这种情感。

难道爱这种情感或力量是可以靠嘴巴获得的吗？有没有一种科学实验可以验证爱的存在并让爱引导我们前进呢？当提出这些问题的时候，我们不妨先反省一下，为什么在此之前没有深入了解爱的想法呢？我们对大自然中发生的很多事情都进行了大量研究，也从中获得很多发现，为什么不研究一下爱呢？

我之前讲过，诗人往往喜欢表达爱，爱是他们一生的精神追求。其实，真实的社会中就有爱，而且爱的力量永远也不会消失。我们并不是在学校里接受了训练之后才能感知到爱，爱是一种生存的渴望，是人类发展过程中必然会经历的。当我们意识到生命可贵的时候，就会了解爱这种情感，这是任何文章都无法教授给我们的。

如果我们想感受爱，不必从文章或者信仰里去寻找，而是可以换个方式思考一下生命。这样的话，爱就不是一个遥不可及的目标，而是真实存在的能量。现在，我们就来研究研究这种能量。

当我们这样想的时候，脑袋里面又会浮现出儿童的种种行为。爱的定义也可以作为对儿童内心世界的描述。儿童具有吸收性心智，他会吸收身边的一切，包括气候、语言、贫富、宗教、偏见、习惯、文明等，并最终把这些东西通过自己的行为再表现出来。通过这种复杂的方式，儿童让其他人知道自己是可以融入周围的环境的，这是整个世界发展下去的基础。如果儿童不具备吸收性心智，任何一个地方的文明都无法获得稳定的发展。如果所有文明都是从儿童出生后重新开始，人类社会就无法得到持续性的进步。

儿童具有忍耐一切的力量，他们不管出生于何种环境，都可以适应那个环境，坚韧不拔地成长。成人之后，他们会在这个环境中生活得非常幸福。吸收性心智就是人类适应社会的基础。儿童通过爱的方式，解决了关系人类命运的神秘难题。爱是儿童的天赋，儿童的发展过程则向我们展示了爱的轨迹。

爱存在于每个人的心灵之中，它是大自然赋予所有人的奇迹。爱的力量在任何场合都能得到体现。如果儿童的爱的潜能可以得到发挥，那么人类的文明成果就会无可估量。**如果人类要变得更加伟大，成人就必须谦虚地向儿童学习**。

然而爱远远不止这些，大自然赋予了爱更深层次的内涵。概括地说，爱是各种复杂力量的综合体。我们可以用“吸引力”和“亲和力”这两个词汇来表述这种复杂的力量。

爱统治了整个世界，使星辰有规律地运行，使原子重新结合形成新的物质，使物体停留于地面。同时，爱也是协调有机物和无机物的力量，这种力量的凝聚是构成所有物质的基础。总之一句话，就是虽然爱是无意识的，但在生活中又可以被意识到，我们所能感觉到的这种力量就是爱。

所有动物包括人都有周期性的繁殖能力，这是爱的另一种表现形式，它是自然的需要。如果没有爱，地球上就不会有生命的延续，物种就会灭绝。

我们时而能感知到爱的存在，时而却感知不到，这说明大自然在给予爱的时候是谨慎而严肃的。

自然所给予的爱是如此稀有，因此爱对我们来说就非常宝贵。新生儿一出生就会唤起父母对他们的爱，在这种情感的驱使下，母亲会用母乳喂养孩子，给予他们温暖和关爱。而且同样因为这种爱，母亲会日夜守护在孩子的身边，确保孩子的安全和健康。

在动物界，幼崽长大之前，母兽与幼崽之间好像存在一种牢固的感情纽带，把它们紧密地联系在一起。等到幼崽长大后，这种纽带就开始分离了。幼崽长大后，父母对它们的爱就会渐渐消失。以前，幼崽可以从母兽那里获得一切；而现在，如果它们胆敢从母兽那里拿走哪怕一口食物，母兽就会猛烈地攻击它。对于动物来讲，当爱的目的达到之后，它就会随之消失。

人类和其他动物并不一样，人类的爱是永恒的。即使婴儿长大成人之后，父母的爱也不会消失，它的作用不仅会体现在人类的个体之中，还会延伸到家庭之外。一旦某种愿望对我们有所触动，爱就会迅速地把我们团结起来，把爱传播给其他人。

如果大自然在给予爱时是严肃而谨慎的，那么它对人类施于的这种爱的力量肯定有明确的目的。如果大自然给予人类的爱的最终目的是拯救，那么，一旦它被忽略就会出现破坏。大自然赋予我们的这种精神力量的价值，远远超过了任何物质的价值。

换句话说，即使人类灭绝了，爱的力量也不会消失，而是会继续自己的使命，完成创造、保护和拯救的任务。

在地球上的所有物种中，只有人类才能够将爱的力量升华。珍惜并发展爱的力量是大自然赋予人的使命，这种力量把整个人类凝聚在一起。这时，爱不只是存在于概念里，而是一种实实在在的力量。

通过爱的力量，人类可以将自己的劳动成果和智慧成果结合起来。如果没有爱，人类创造的一切都会带来混乱和破坏；如果没有爱，随着人类的文明无法延续和发展，人类社会终将归于毁灭。

现在，我们应该可以理解“如果没有爱，我们做的一切都毫无意义”这句话的含义了。虽然爱不是照亮黑暗的明灯，也不是传播声音的电波，但是它远远胜过人类已经发现和利用的任何东西，是宇宙间最强大的力量。每个人的心里都拥有爱，虽然大自然给予人类的爱是有限且分散的，但不能否认它是支配人类的所有力量中最伟大的那个。

每个婴儿的出生都会给我们带来新的力量。即使在他们的成

长过程中，这股能量会受到束缚和限制，无法得到充分的开发，但我们依然可以感受到这股力量的存在。因此，我们必须花费更多的时间来研究这股力量。

爱是大自然赋予人类的，如果我们想对爱进行研究和利用，使人类社会获得更好的发展，就必须关注儿童。

天才的秘密

就像精神一样，人的智力发展也需要一个自由的环境。强迫智力工作，对智力是一种损害。

Chapter 19

我在多年的教育实验中，通过观察儿童发现了生命成长的规律。

我曾经和一位有见地的女士交流过自己的这一想法。这位女士和我一拍即合，鼓励我写一篇文章，详细地讲一讲这种想法。当我们谈到儿童时，她显然有些不耐烦："关于儿童的问题我都懂。他们是道德上的天使，在智力上不断精进。"我提出让这位女士到我们学校来看看，在我的一再坚持下，她同意了。

当这位女士参观了我们的学校，并且和这里的儿童交流之后，她显得十分激动。她握住我的手，认真而诚恳地说："你的这些教学经验应该马上发表出来！人往往无法预知自己的死亡，如果你不尽快发表，可能很多人都没有机会看到了。"

通过研究天才的脑力劳动，为我们的研究带来了新的灵感。我们发现，天才的发明大都来自生活中无不足道的事情。

天才之所以会有所发现，是通过精确的观察和利用多数人都能从事的简单推理。心理学家贝恩曾经说过："天才们具有非常强的相似联想能力，这就是他们最基本的特点。"事实上，通过细致的观察及简单的推理，我们很多人都能够有所发现。人与人之间的差别就在于有些事实会被善于发现的人“发现”，而其他人则忽略了。

可以说，天才有一种在意识上将事实分离出来，并把它同其他事物分开的能力。这就好比在一片黑暗中，一束光线突然照射下来，发现了宝石。天才的思维就是发现宝石的光线，可以在意识中获得巨大的积极作用，为人类做出了巨大的贡献。在这里要强调的是，天才的贡献，不在于他们发现了事物本身的独特价值，而在于他们对同一领域的事物进行了更精细的区分。

同样的道理，真理并不是突然变得有价值的，它的价值一直存在，只是之前没有被人们发现罢了。这就像采矿，珍宝和一大堆不起眼的普通物质混合在一起，在它没有被开采出来之前永远不会有人注意到它。直到它有一天被一位慧眼识珠的人发现了，人们才会后知后觉地发出一句感慨：原来它一直在这里啊，怎么以前没有发现呢？真理就是等待被发现的珍宝，能使它变得有价值的是那个发现真理并将真理付诸行动的人。

有的真理刚被发现时，往往不被人们接受，甚至会遭受排斥，只有经过一段时间之后，它才会慢慢地被人们接受和认可。

哥伦布曾经说：“如果地球是圆的，那么我们以某个地方为起点，一直向前走，总有一天会再次回到起点。”在这种想法的驱使下，哥伦布发现了新大陆。

也许有人会说，哥伦布之所以发现新大陆，只不过是运气好罢了，那片陆地正好位于他的航线内。可是事实上，哥伦布能有所发现，除了因为他具有非凡的智慧外，还因为他具有英雄般的胆略以及坚定不移的信念。他凭借自己“有灵性的推理”，发现了别人没有发现的事物。

伏特发明电的过程也说明了这个道理。一个雨天，伏特为生病的妻子熬制带皮的青蛙汤，这是当时流行的退烧药汤。当伏特把死青蛙挂在窗户的铁棒上时，他发现青蛙的腮还在鼓起、收缩。看到这个现象之后，伏特马上做出推论：一定有外力作用于死青蛙的肌肉。此后，伏特进行了大量的实验以求找到这种外力。最终，他发现了电，为人类社会带来了变革性的影响。

伽利略在教堂里观察左右摆动的吊灯，发现了吊灯每次摆动的时间是相同的。根据这一发现，伽利略发明了钟摆原理，奠定了钟表的准确计时基础。有了钟表，人类才得以计算时间，天文学家也可以利用钟摆来计算宇宙相关的数据。可见伽利略的发现对人类具有多么重大的意义。

牛顿也是如此，他之所以发现万有引力定律，也得益于对简单生活现象的推理。一个苹果从树上掉下来，砸到了牛顿的头上，于是他开始思考：“为什么苹果会向下落呢？”最终，在这一发现的驱使下，牛顿提出了万有引力理论。

瓦特既是物理学家也是数学家，取得了非凡的科学成就，为人类作出了卓越的贡献。瓦特发明蒸汽机，源于一次看到水蒸气掀动壶盖的契机。根据这一现象，瓦特推论：“水蒸气能推动壶盖，也一定能够推动活塞运动，成为机器的动力。”小小的壶盖竟然具有推动人类历史进程的“魔法”，这可真是出人意料。

我们通过以上这些事例可以发现，对一个并不十分引人注目的现象进行缜密的思考，并借此解决某些问题，这就是天才取得巨大成就的原因。但是，如果在发现这些客观事实的过程中，我们的大脑遇到的障碍越大，智慧之光被浪费得就越厉害，它的力量也会被大大耗散，从而导致大脑推理活动的停滞，甚至会使它连事实都看不见。对此，我可以举一个例子。

古希腊时期，人们根据经验得出“陨石是神秘的天外之物”的结论。中国古代的编年史中也有关于陨石从天而降的记载。在中世纪和近代的各种资料中，有关陨石降落的记录更多。根据这些历史资料，1751年降落在亚格拉姆附近的陨石是当前发现的最大的一块陨石，它重约40公斤，目前被存放在维也纳矿物博物馆里。

德国的一位学者感慨道：“我以前认为，只有那些对自然和历史一无所知的人，才会相信陨石是神秘的天外之物的说法。令我没有想到的是，一些受过教育的德国人也接受了这种说法。我现在才发现，人们对于自然、历史和物理方面的了解太少了。”

公元1790年，一块重约10公斤的陨石降落在法国南部，很多人目睹了这一现象。当时，300多个目击者联合起草了一份报告，试图证明陨石是天外来石，并且将这份报告交给了巴黎科学院。对此，巴黎科学院的回复是：“这是一份荒诞的报告，令人哭笑不得。”

几年以后，声学的奠基人契拉第里公开宣称，陨石是存在的。立刻就有人批评契拉第里，说他对法则一无所知，并且没有考虑自己的言论会带来什么不利的影响。甚至有学者说："即使陨石掉在我的脚下，我也不会相信。"他简直比圣托马斯更顽固，圣托马斯只是说："除非我摸得着，否则我不相信。"现在眼前明明就有重达10公斤、40公斤的陨石，完全可以摸到，那位学者却视若无睹。

可见，我们需要拥有内在的注意力，对环境中的刺激产生反应。假如没有内在的注意力，人的感官也无法被唤醒。人的内心必须是自由的、开放的，才能接受新的事物。一个思想处于混乱状态的人，如果没有任何准备，也不可能突然发现某个真理。我们必须将意识集中于物质上，才可能有所发现。

这是一个实证主义盛行的时代，如果人们没有真实地触摸某个东西，他们就认为它并不存在。这样会阻碍智力的发展。

就像精神一样，人的智力发展也需要一个自由的环境。强迫智力工作，对智力是一种损害。对于儿童也是同样的道理，要让他的意识处于自由的状态，并保护他的好奇心，培养他的专注力和深度思考的力量，当真理出现时，他敞开的内心才有可能接收到真理发出的信号。所以，我们不要强迫儿童学习，而是应该让智慧之光照亮儿童的心灵。

蒙式老师需要具备的职业素养

老师要开始处理那些尚未步入正轨的儿童——心思散漫、四处游荡，对于任何事物都无法集中注意力。

Chapter 20

对于蒙台梭利教育法，很多人只是通过表面现象就认为，我们对于老师的要求不高，老师为儿童做得不够多。在他们看来，似乎作为一名蒙台梭利老师，只需要做到尽量不干预儿童，让儿童自由活动就够了。其实，蒙台梭利老师的职责是很复杂的，他们不仅要考虑教具的使用，还要将种类繁多的教育项目和儿童的实际情况结合起来制订教学计划。

从表面上看，传统学校里的老师在教学上更主动，蒙台梭利老师则是被动的。事实上并不是这样的。身为一名蒙台梭利的老师，他们在上课前会花大量时间去观察、了解儿童，并准备相关的教学安排。之所以会给人们留下悠闲而被动的印象，那只能说明这名老师的教育是成功的，他的教学任务顺利完成了。

如果一名蒙台梭利老师说："不管我是不是在班级里，这些儿童都会自主进行活动或学习，他们已经完全自立了。"这说明他成功了，让班级里的儿童迈入了更高的阶段。要达到这样的水平，是需要花费很长的时间和心血的。

一名传统学校的老师是无法立刻在蒙台梭利学校任教的，她在上岗之前需要重新塑造自己，将自己在教育上的偏见和错误观念完全消除。

作为蒙台梭利的老师，需要具备想象力，不能把儿童视为幼稚的小不点儿，而是要对他们充满信心，坚定地相信这些儿童最终会通过各种训练显露出自己美好的本性。即使是行为有所偏差的儿童，老师也不能对其失去信心，因为每个儿童都具有自己独特的精神特质，最终都会展现出自己的美好本质。

老师要想达到完美的水平，大概会经历三个阶段。

1.第一阶段：作为学习环境的管理者与维护者，老师应该专心地做好自己的工作，不需要在意儿童会遇到的问题与困难，要相信，合理的环境会解决儿童的问题。

教室里陈列的教具要保持美观、明亮、完好无损，让儿童有新鲜感；教具的配件也要齐全，方便儿童随时取用。作为教学资源之一，老师本身应该对儿童富有吸引力，年轻端庄、衣着体面而整洁；而且老师要经常保持愉悦的心情，注意自己的一举一动，态度亲切、行为优雅。

当然，以上这些都是最理想的标准，并不容易完全做到。**但老师要牢记的一点是：要理解并尊重儿童，不能藐视他们。**

2.第二阶段：**老师要开始处理那些尚未步入正轨的儿童——心思散漫、四处游荡，对于任何事物都无法集中注意力。老师要使用各种技巧抓住他们的吸引力（不能使用棍子），例如，让这些儿童去做一些他们虽不喜欢但也不讨厌的工作。对于喜欢骚扰他人的儿童，老师要尽快制止并安抚，不能让他干扰其他儿童的**

工作。

3.第三阶段：老师借助一些日常生活中的简单工作让儿童产生兴趣，随后退居幕后，避免干扰儿童。在这个阶段，老师难免会犯一些错误。例如，看到一个顽皮的儿童现在专注于自己的工作了，出于善意，老师可能会特意地表扬他："你做得很好！"事实上，这种称赞也是一种干扰，可能会打断儿童的思考。

事实上，当儿童遇到困难时，如果老师立刻直接给出解决的方案，儿童有可能会对问题失去兴趣。对儿童来说，进行某项工作的主要目的并不是要完成它，而是学会自己克服困难。当某个儿童提着一个明显超出他承受范围的重物时，他可能并不需要别人的帮助，即使老师只是在一旁看着他，对他来说也是一种干扰，可能导致他放下手中的东西，停止工作。

所以当老师看到儿童在专注地工作时，不要打扰他们，也不要让儿童觉得自己正在观察他。哪怕是两个儿童争抢一个物品，老师也不要立即去干涉，尽量让他们自己解决问题，除非儿童发出了求助的信号。

当儿童已经反复进行了某项工作，对它无比熟练之后，老师需要为儿童介绍和示范一项新的工作。当儿童将自己的工作成果展示给老师看时，老师应该给予他们真诚的赞美，并为儿童有所收获而感到欣喜。

所以，蒙台梭利的老师不是儿童贴身的仆人，不需要为儿童清洗、穿衣、喂饭。儿童必须自己学会做这些事情，使自己独立。老师要做的事情是：为儿童准备适合他们成长的环境，包括相关的教具；观察并发现儿童的需求，留意儿童在敏感期的表现；观察儿童是否发展出了某种能力。也就是说，**老师是儿童、教具以及儿童内心需求的协调者，需要根据儿童的需求来提供合适的环境和教具，允许儿童自由地工作和发展自己的能力。老师必须帮助儿童自己行动、自己做决定、自己思考，是为心灵服务的艺术。**

什么是儿童的本性？**不知疲倦、尽全力地工作、帮助弱小并懂得尊重别人。只有具备这些特质，才是真正健康成长的儿童。作为蒙台梭利的老师，不仅要能透视童年的秘密，更要深入地了解儿童。**只有这样，老师才会对儿童产生更深层的爱，这种爱与身体的拥抱和亲吻所表达的爱不一样，它是真正触及心灵的。或许在以前，老师认为事少钱多、升职或者有一定影响力才会给自己带来快乐，而现在通过这个触及心灵的、更高层次的爱，他们可以从中获得更多、更强烈的快乐。

利用各种感官教具激发儿童对周围环境的兴趣，唤起他们的安全感，这是蒙台梭利教育体系的基本方针。其实，教具本身并没有什么价值，它的价值体现在老师是如何将它们呈现给儿童的。在整个教学过程中，老师需要想办法引起儿童对这些教具的兴趣，促使他们使用这些教具并获得更大的教学效果。接下来，我们就来讨论一下应该如何将这些教具呈现给儿童，以及如何引导儿童使用这些教具。

对蒙台梭利教育法有所了解的人，大都会想对其中的每一种教学方法都有一个更深入的了解。他们会发现，如果将蒙台梭利的教学课程与传统学校的课程进行比较，会形成很有意思的对照。

蒙台梭利的教育宗旨是引领、开发儿童的精神力量，不是一味地将知识灌输给儿童。因此，在蒙台梭利教育法中，儿童是各种活动和训练的主导者。大多儿童到了一定的年龄，就可以做出具有行为意义的动作，此时，他可以主动地重复某些训练，进行自我教育。这样的话，老师只需要为儿童提供教具并示范教具的用法。当做完这些之后，老师就应该放手，让儿童进行自我学习。有些儿童则需要家长和老师一起耐心地引导。

这样一来，或许很多老师会有这样的困惑，难道我们只为儿童示范教具的操作方法就够了吗？当然不够。在儿童自我学习的过程中，对教具的操作训练很重要的，因此老师要不厌其烦地为他们示范教具的正确操作方法，直到儿童真的学会了。有时候，儿童的注意力可能并没有放在身边的事物上，没有留心观察老师的示范动作，或者说，即使他注意到了，也无法完全理解，这就要求老师需要随时准备好为儿童进行示范。

以西餐为例，西方人都知道在餐桌上如何使用刀叉。如果是从来没有使用过刀叉的东方人，他也许会觉得这些刀叉很有趣，甚至会拿起来赏玩一番，但是由于他从未看到过别人用刀叉吃饭，也就不会知道刀叉的使用方法。直到他们看到别人是怎样用这些刀叉吃饭的，才会去模仿别人，学习用刀叉吃饭。

所以，老师需要在教学过程中不停地示范。例如，根据体积大小把立方体积木一个接一个地堆起来；把不同插孔里的圆柱体取出，再根据形状和大小将其放回原位。

我们的教学方法听起来可能有些奇怪，因为在一般人看来，上课就应该是老师讲、学生听。然而事实上，这种不说教只用行动引导的过程才是真正的教学，它会让儿童看到如何站立和坐下，如何拿盘子上面的水杯才不会被打翻，以及如何做出灵活又稳重的动作等。

这些难道不是教学吗？当然是，甚至连安静训练也是。我们可以引导儿童安静地坐着，并且让他们在被别人轻声呼叫之前一直保持安稳的坐姿。在我们的引导之下，儿童会将注意力集中在自己身上，还能控制自己的动作。**如何保持安静不是老师可以用语言讲明白的，而是需要用动作和神态给儿童示范出来的。**

安静训练可以说是蒙台梭利教育法的精髓。我们在大量教学活动中都运用了这种方法，即使是那些一般人觉得如果不说儿童就无法明白的事情，我们也会使用这种方法来进行教授。

在蒙台梭利学校中，教育儿童的是环境本身。老师的作用是引导儿童和环境互动，为儿童示范各种教具的正确使用方法。我们的教学方法不适用于别的教育体系，因为那些传统学校中的老师只会不断地对儿童发号施令——“安静！”“不要乱动！”难道这就是所谓的教学语言吗？我相信，这种命令式的教学语言并不会有多大的作用。教育应该不断探索合适的方式，引导儿童在不知不觉中自然地学习和活动。蒙台梭利教育法的成功之处就在于它能够让儿童自觉地学习操作教具。

完备的人格是人真正服从命令的前提，换句话说，儿童的反应能力必须像我们所期望的那样才行。只有通过自身的不断练习，儿童才能获得这些能力，而不是靠我们的命令就可以获得的。

钢琴老师经常会这样告诉学生："手指的姿势要摆好一些！"然而，老师说完这句话后并没有为学生做出正确指法的示范。这样一来，学生依然无法摆出正确的手指姿势。无论老师怎么重复那句话，学生总是摆不出正确的姿势。

只有等儿童的心智发展得足够成熟之后，我们才能命令他做某件事，因为只有在心智成熟的前提下，他才能根据大人的指示去做事。老师所有的口语教导应该安排在整个教学过程的后半段，因为在儿童的内在秩序没有达到一定程度之前，用语言进行引导是没有任何作用的。当然也不是不能用语言进行引导，只是需要结合儿童的词汇量以及词汇使用情况。

缺乏教学经验的老师，通常会把教学重点过多地落在"教"字上。在他们看来，只要自己采用有意义的教学方法，给儿童清楚地示范了教具的使用方法，教学任务就算完成了。这种做法并不正确。一个老师的职责远远不只是"教"这么简单。教师的职责还包括引导儿童的精神发展。老师在观察儿童时，不但需要了解他们，更重要的任务是帮助儿童发现并发展他们的各种能力。

做一个新时代的老师并不容易。接下来，我会提供一些对老师们有帮助的教学原则。

首先，老师要清楚地知道孩子的注意力集中在哪里。如果儿童把注意力集中在工作上，老师就必须尊重儿童，绝对不要在儿童旁边纠正他的错误或者突然赞美他，给他带来干扰。

少数老师对这个原则理解得不太透彻，将教具给了儿童之后，自己就站到一旁，不论儿童做了什么，他们都既不说话也不插手。这样做的后果，就是整个教室乱成一锅粥。

我们提到的不干预儿童、尊重儿童，前提是儿童已经发育成熟到了一定的程度。也就是说，只有当儿童具备了足够的专注力，我们才能不干预他。如果儿童盲目地发泄自己的精力，老师却对他不闻不问，这显然不是我们所说的尊重。

有一次，我看到整个班的儿童操作教具的方法都是错误的，教室里杂乱无章。老师却沉默得犹如一座埃及狮身人面像，什么话也不说，只是在教室里来回走动。我对这位老师说："干脆让孩子们去外面玩吧，可能比让他们待在教室里更好。"

过了一会儿，我从一个儿童的身边走过，发现老师正在跟他说悄悄话。我问老师："你在干什么呢？"她回答道："小声地说话才不会打扰他们啊。"

这位老师犯了一个很严重的错误：当儿童的行为失控了，她没有去干预，也没有尝试重新建立起班级的秩序。

有一位老师曾问我："既然你要求我们像对待科学家或艺术家一样尊重儿童，让他们自由地活动，为什么又跟我们说，如果儿童只是把教具当成玩具而不是用来训练时，我们应该干预呢？这不是自相矛盾吗？"

我的回答是："我确实这样说过，我尊重儿童的智能活动，犹如尊重艺术家的奇妙灵感一样，甚至有过之而无不及。然而，当我拜访一位艺术家时，发现他正在工作室里抽烟或者玩牌，而不是在进行艺术创作。这样一来，我自然就不害怕打扰他，会对他说：'朋友，你在忙什么呢？'

"因为这位艺术家正在做并不费神的事情，所以我还会对他发出邀请：'一起去散散步、晒晒太阳吧！'"

蒙台梭利教育法所说的尊重儿童，并不是连儿童的缺失或不恰当的行为也要完全包容。尊重儿童要遵守以下几项基本原则：能够观察并发觉儿童不同的体能情况；支持和鼓励儿童做出有利于其身心健康的行为；打消儿童缺乏建设性的念头，因为这些念头对他们的发展毫无促进作用，反而会让他们将精力用错地方，成为他们发展的障碍。

这些原则，不仅仅学校的老师要牢记和遵守，父母也同样如此。

老师当然可以不厌其烦地提醒儿童，也可以严厉地指出儿童的错误行为。但是，一位真正精通教育的老师，会使用比强迫压制更有效的方法去引导儿童走向正轨。毋庸置疑，想做到这一点，就需要老师持续不断且随时随地地对儿童进行细心的观察。老师要时刻留意儿童的状况，安排儿童的学习环境。比起命令和告诫，这样做其实要简单得多。

虽然方法简单，想做到却并不容易，它要求老师具有无尽的爱心和敏锐的洞察力。老师必须像家庭主妇对待家庭环境一样，用心给儿童打造美观、温馨的学习环境。做到这一点还不够，老师还需要了解儿童的一举一动，担负起教育儿童的职责。

老师如果想对自己的工作有更清晰的认知，就需要多加用心，仔细地观察儿童。老师对儿童的观察程度，决定了一个儿童是否能够步入正轨、得到成长和获取成就。老师只有真正花了心思去做，才能得到满意的效果。

一个看似毫不起眼的小错误，却会导致意想不到的严重后果。例如，假设有一座装修得十分完美的房子，里面住着好几位房客。可是，其中一位房客把洗脸盆当成了装煤炭的盆子，导致他没有办法洗脸，甚至房子里家具也被弄脏了。原本这个房客只是犯了不正确使用卫生设施的小错误，结果导致房子里的所有人都不得不生活在脏乱的环境里。

一个老师是否具有教育能力，取决于他是否能够正确地运用蒙台梭利教育法的法则。假如这个老师认同蒙台梭利教育法，就能从中发现一些克服教育难题的方法，也会因此取得最好的教育成果。

虽然拥有克服困难的能力并不一定能让人变得完美，但是会激发出一种新的力量。这种力量会让我们感觉到，生活中的许多困难都是不值得一提的。这种力量也能激励我们完善自己。因此，一个合格的新时代老师，既要帮助儿童克服各种缺点，又不能伤害儿童的自信，让他们误以为自己能力不足。

如果将儿童的心理发展看作一种自然现象，那么我们可以将学校当作科学实验室，专门研究人的心理发展。也许在未来，学校真的可以成为心理学家和老师最好的实验场所。为了建立这样的学校，我们应该尽可能地做好准备，这也是为了寻找更好的儿童教育的方法。

自然科学实验室里面有专门准备实验观察材料的人或团队，他们需要具备生理、物理、化学等不同学科的知识，做的工作是最精细的。对于有关人类研究的工作，准备的文化知识越充分，在科学上的成就会越多，进步也就会越迅速。

有人认为，实验心理学无须专为观察对象设置一个实验室。这样的想法是错误的。在我们的实验中，儿童心理发展的情境并不完全，因此，为了保障揭示出儿童的所有心理现象并形成真实的观察材料，我们需要一个特殊的环境以及一支有经验的优秀团队。对我们来说，最合适的实验室选址地点莫过于根据科学的方法建立起来的学校，最合适的团队则莫过于学校里的老师。虽然并不是所有的学校都能达到这个要求，但是我们应该朝着这个方向努力。

怎么拯救儿童的心灵？答案就是在生活中给予他们更多的自

由。因此，在实验的过程中，老师必须以一种全新的方式来进行实验的准备工作，由此老师的个性以及社会重要性都会发生变化。

到目前为止，我们的第一次实验已经结束。在这个过程中，我们培养了一批新型的女教师。她们用安静训练代替表达技能，用观察法代替灌输式教学，用谦恭的态度代替树立权威的骄傲心态。

这样的转变将来也会出现在大学教授的身上。以前，教授被视为权威，他们像皇帝一样高高在上，说的话丝毫不容许学生质疑。现如今，学生坐在高高的座位上，教授站在地板上，所有的学生都可以看到教授的一举一动。这种位置的调换，消除了学校里的等级制度。学生不再被动地接受教授的话，他们可以想办法证实教授的理论是否正确，甚至可以当面提出质疑。这样的转变可以真正推动科学的进步，激发出新的知识和灵感。而且学生对老师的态度不会发生改变，在学生心里，老师依然是值得尊重的。

这样做带来的重要意义就是，学校和老师都沿着相同的、正确的方向发生改变和完善。

身为老师，必须具备客观、公正的品质，同时还必须具备一个最基本的品质——观察力。老师的观察能力十分重要，因此实证科学也被称为“观察的科学”。

观察力是需要通过实践培养出来的。如果一个没有经过相关训练的人用望远镜观察星空或者用显微镜观察细胞，他可能无法获取什么有效的信息，因为他不知道应该观察什么以及如何用正确的语言描述自己的观察所得。没有被看见的现象等同于根本没发生。因此，老师的观察力也需要训练，这是走向科学的必经之路。

同时，科学家的心灵会完全沉浸在对所观察对象的强烈兴趣中，这种兴趣正是造就科学家精神的动力。与科学家相比，没有经过观察训练的人，不仅表现出用裸眼和借助工具都不能看见某种现象的视而不见，还表现出耐心的缺乏。真正的科学家在没有完成工作之前，是不会意识到自己正处于一个漫长的、需要耐心的过程之中的；真正的老师对儿童的观察也是如此。

观察力包含各种各样的细微品质，比如耐心。没有耐心的人是无法正确地审度事物的，他只会意识到自己的冲动与满足。当一个没有耐心的人面临真正的工作时，总是会采取逃避的态度。

完美的教育是培养耐心的态度所必需的。如果要让自己与外部的世界联系在一起，并欣赏到外部世界的价值，我们就必须培养自己的耐心。没有这样的准备，就无法对那些可以得出科学结论的微小事物给予足够的重视。

在化学实验中，伟大的化学家就像一个充满好奇心的儿童，希望通过实验找出产生反应的最小量物质。为此，他们会反复地进行实验。化学家的这种谦恭的态度，就是耐心的要素之一。

科学家在任何场合都是谦恭的，他能够走下成就的宝座，踏

踏实实地在桌前工作；他能够脱下荣誉的长袍，换上朴实的工装；他能够放弃权威的高位，与学生并肩探索……这样一来，学生不仅能学习到真理，还会备受鼓舞，科学家甚至在大量的社会荣誉面前也保持着谦恭的态度。科学家的谦恭，就是随时随地的自我克制，这种自我克制不仅体现在他的外表上，也体现在他的精神生活上，比如理想坚定，内心的信念不动摇等。科学家对于真理没有任何偏见，甚至可以随时放弃自己原来持有的与真理对立的观念。他会慢慢地修正自己的错误，使自己更清醒、明澈、坦率，一如真理。

如果老师可以从儿童的心灵中发现真理，那会怎么样呢？他就会变得无法比拟的伟大。

为了让自己达到这样的高度，老师无论如何都要学会谦恭、自我克制、有耐心，还要摒弃建立在虚荣心上的骄傲。

科学家永远只停留在自己研究的事物的外部，如电能、化学能、微生物的生命、星球等；**而老师的研究对象是儿童，儿童的心灵是不断成长和变化的，其中还包含了人的诸多美德，如谦虚、耐心，以及所有的道德问题。因此，从某种程度上来说，老师应该胜过科学家**。

老师的想象力应该像科学家那样精确，老师的精神应该像圣贤那样崇高。老师的态度应是积极的、科学的、神圣的。我们应该怎么理解呢？

之所以要积极，是因为老师需要通过细致的观察，将自己与真理联系起来，并且要去除所有的幻想和无用的创造，做到能够准确地区分真理和谬误。之所以要科学，是因为真正的科学家能注意到每一种物质的微粒、每一个生命最初的萌芽，并且会消除自己所有的错觉，而老师应该向科学家学习，通过长期的实践，在生物科学的指导下对人的生活进行广泛的观察。**之所以要神圣，是因为人的特性是神圣的，只有人才会拥有观察力，而且老师观察的对象也是人。**

如此一来，老师不仅需要成为观察儿童的专家，还要时刻关注教育理论，并且到实验室和大自然中独立工作。而且老师在观察儿童时，不能将儿童的生理方面排除在外，而是应该按照生物科学的要求进行准备工作，包括儿童身体发育各方面的知识，如从儿童出生到开始产生心理活动的这一年龄阶段的知识、儿童的心理活动变得易于处理的年龄段的知识，以及解剖学、卫生学、生理学的理论知识等。

现在，我们已经翻开了自然之书和儿童之书，它们充满了创造性以及奇迹般的可能性，可以对我们潜在地、不可名状地想了解自然和儿童的渴望做出回答。我的这本书讨论的是蒙台梭利教育法，可以作为新型老师的基础教材，帮助老师完成指导儿童生活的使命。

以上谈到的所有内容，只是“准备”的一部分。老师不必一开始就达到观察动植物的科学家那样的程度，也不必像医学专家一样，满足于从病理学方面调节生物功能。艺术、爱情、精神的表现形式是生活所特有的，不仅需要老师对其进行观察并为其服务，同时这种生活也是老师“自己的生活”。

人类最理想的科学实验室应该是学校，自由的儿童在这种精心设计的环境中获得发展。当一名老师觉得自己是受到兴趣的驱使而“看到”儿童的精神现象，并且体验到了一种心灵宁静的快乐以及难以遏制的观察欲望时，这意味他开始成为一名真正的老师了。

为教育做好准备

老师要时刻关心周围的环境状况，如果环境不好，儿童的身体、智力和心理的发展也会受到影响。这样，儿童才有可能逐步走上正轨，正常地发展自己的能力。

Chapter 21

要成为一名蒙台梭利的老师，就必须有所准备。

蒙台梭利学校与其他的传统学校具有很大的不同：传统学校的老师需要时刻关注学生的行为，并且对他们进行教育；但是在蒙台梭利学校，老师要做的是找回从班级里跑开的儿童。一名蒙台梭利老师必须相信一点：**儿童是可以进行自我教育的**。如果一个人想进入蒙台梭利学校当老师，他必须先抛弃各种先入为主的观念，包括儿童不同发展水平的问题。他的注意力不应该聚焦于儿童的缺陷，而更应该关心儿童的正常发展。**作为老师，应该相信儿童自身的力量，只要他们能够专注于某项工作，其身上的美好天性就能被激发出来**。

老师也应该不断成长，跟随儿童发展的不同阶段而改变自己的工作方式。在不同的教育阶段，老师都应该做好以下三个方面的准备工作，扮演好自己的角色，履行相应的职责。

第一阶段，老师要成为环境的预备者和管理者。

在我们国家，很多家庭的妻子都会注重家庭环境的建设，通过打扫卫生、整理物品以及增添各种装饰物，让家里看起来舒适、平和、充满乐趣。这样会让自己的家变得更有吸引力。

同理，作为老师，在第一个教育阶段，首要的职责就是为儿童预备环境并维护与管理它。老师要将教室布置得干净整洁，将各种物品和教具摆放在合适的位置上，以便儿童随时取用。**老师也要时刻关心周围的环境状况，如果环境不好，儿童的身体、智力和心理的发展也会受到影响。这样，儿童才有可能逐步走上正轨，正常地发展自己的能力。**

预备环境也包括老师自己的形象。

幼儿常常会将自己的母亲作为审美标准，在他们眼里，所有漂亮的人都像他母亲一样。老师的形象也是儿童生活环境的一部分，甚至可以说是最重要的组成部分，因此老师更要注重自己的形象。

老师的外表应该是端庄可亲、平和沉稳的，可以带有一定的威严。这样的老师会对儿童具有吸引力，容易得到儿童的信任。当然，每个老师也可以有自己独特的风格，但是要尽量让自己有教养、有风度一些。

说完了环境，可能有人会问："我们应该怎样对待儿童呢？他们的心理还没有发育完全，我们应该怎么让他们专注于某项工作呢？"要回答这个问题，我们就要了解教育工作的第二个阶段。

第二阶段，老师要扮演"引导者"的角色。

对于那些无法集中注意力的儿童，老师要像一束火焰一样，点亮他们的心灵。此外，老师需要根据观察给予儿童一定的指导。

有活力的老师会比呆板的老师更受儿童的欢迎。**在这个阶段，老师可以采取很多方法来吸引儿童的注意力，比如讲故事、做游戏、唱歌等**。我们可以很兴奋地对儿童说："让我们一起把所有的物品搬走吧。"或者是"我们一起把马桶刷干净，好不好"，又或者是"快和我一起去公园里摘花吧"，这些都可能激发儿童的兴趣。

如果在这个阶段，有些儿童经常影响别人的工作，老师不能视而不见，而是应该及时干预，最有效的办法就是打断他。例如，我们可以及时地叫住他，或者和他一起去做别的事情。

不过，当儿童专注于某项工作时，我们不能打扰他，避免对他的发展造成妨碍。关于这一点，我们在前文中反复强调过。

第三阶段，儿童开始对一些事物产生兴趣，尤其是那些与他的生活紧密相关的事物。

教育实践证明，如果儿童没有做好接受的准备，盲目地给他提供某些东西是毫无作用的，我们应该在儿童做好准备之后再为他提供相关的东西。

一名优秀的老师要遵循如下原则：如果儿童正专注于自己的工作，我们就当他不存在，不要打扰他，只需要用眼角的余光观察他在做什么就可以了。让儿童能够自如地活动，而不会因为我们的关注而表现得无所适从。

老师应该做到理智而有分寸，在无形中为儿童提供他们需要的帮助。因为儿童的心理需要就是做主人，所以在心理领域，老师和儿童之间就像主仆一样。比如，当儿童需要被肯定时，我们就要大方地给予夸赞；当儿童在集中注意力做事情时，我们就不要打扰他们。这是一种为心理服务的艺术。如果儿童的心理需求能够得到及时的满足，那么老师就会发现，他们身上会不断涌现各种优秀的品质。从而老师也能获得极大的满足感。

儿童形成并发展出各种优秀的品质之后，就具备了真正的人的雏形。到了这个阶段，老师可能会说："他发展得和我期望得差不多了，甚至远远超过了我的期待。"

老师不能仅仅知道儿童的名字、儿童的父母从事什么职业等表面的信息，而是应该了解儿童在日常生活中表现出来的特质，进而探究他们内心的秘密。只有当儿童的天性在老师面前袒露无遗时，老师可能才会感受到什么是真正的爱。

爱有两个层次：一个是物质层面的，指的是对儿童的照顾和关爱；还有一个层次是精神层面的，比物质层面更高级一点。**对儿童精神层面的爱，就是给予他们充分的自由**。要想达到更高的层次，我们必须明白，对于儿童来说，什么是真正的幸福。

我认识两个巴黎的医学博士，他们放弃了自己的医生职业，转而从事教育的工作，研究儿童的成长发育。他们认为，自己的成功在于儿童可以自由而专注地进行自己的工作，而不必理会老师是不是在身边。

有的老师可能并不这样认为。他们会认为自己的成功之处应该是教会儿童做某些事情。然而随着儿童精神世界的发展，老师的观点会发生改变。他们会慢慢地意识到，自己工作的价值在于促进儿童自由而正常的发展。他们可能会说："我帮助儿童完成了大自然给予他们的工作。"

有人可能认为，完全给予儿童自由，不树立自己的权威，这是老师的一种自我牺牲；也有人认为，老师这样做是压抑了育人的本能，这种教育方式不可能成功。事实上，在这个过程中，老师既没有做出牺牲，也没有受到压抑。相反，他们会因为体验到了真正的爱而得到满足。以前我们没有发现的生命价值在这里体现了出来。

此外，我们在教育过程中会遵循不同的教育原则。以"公正"为例来说明。

对于学校、社会和国家来说，所谓的公正，就是所有人都适用于一种法律或制度。在对待儿童的问题上，老师也必须做到公正，对所有的儿童一视同仁。

从更高的教育水平上来说，公正属于精神领域的东西，可以保证每个儿童都获得最大限度的发展。我们要为各个年龄段的儿童提供帮助，使他们都形成发展精神世界的各种能力。

精神是一个有组织的社会的基础，是一种财富。与精神财富相比，物质财富的价值就逊色得多了。对于一个人来说，是贫穷还是富有并不重要，如果他所有的能力都得到了正常的发展，财富难题也就很容易解决了。如果全人类的精神都不断地发展和完善，人与人之间的贫富差距也会逐渐缩小。

一个人真正的创造力不是来自四肢，而是来自精神和智慧。如果整个人类的精神和智慧发展到了一定的水平，所有的难题都会得到解决。

儿童可以在没有他人帮助的情况下，建设一个有秩序的社会，他们可以用和平解决所有的问题。成人却做不到。成人社会需要依靠监狱、警察、士兵和枪支来维护秩序。

自由和纪律是相伴而生的，这可以从儿童的自然发展过程中体现出来。科学的自由可以促进纪律性的自然形成。如果班级里纪律涣散，有的老师会认为是自己管理无方，会想办法纠正自己的错误。甚至有些传统学校的老师会为此感到羞愧。事实上，老师不必为此感到羞愧，因为这种现象是新式教育法的教育过程中必然会出现的。

在教育儿童的过程中，老师不但能帮助自然规律在儿童的成长中发挥作用，也可以让自己得到升华。也就是说，**儿童会把成人带到更高的精神境界。成人的精神问题解决之后，物质问题也随之迎刃而解。**